ALL WEATHER PORTFOLIO

절대수익 투자법칙

투자왕 김단테가 실전으로 증명하는 올웨더 주식투자 전략

김동주(김단테) 지음

이레미디어

우리는 아주 빠른 속도로
부자가 될 수 있을까?

• 홍춘욱_《50대 사건으로 보는 돈의 역사》, 《디플레 전쟁》 저자 •

2020년 금융시장 참여자 사이에서 가장 화제가 된 용어는 바로 '동학개미운동'일 것입니다. '개미'란 개미투자자의 줄임말로, 기관이나 외국인 등 거액의 자금을 운용하는 이른바 큰 손에 비해 상대적으로 소액으로 투자하는 일반 투자자를 말하지요. 즉, 동학개미운동은 큰 손의 주식 매도 공세에 맞서서 한국 주식시장을 지키기 위해 개미투자자들이 적극적으로 나선 일을 지칭합니다.

참고로 저도 2020년 3월의 주가 폭락 사태 때 달러 자산에 투자했던 자금을 일부 매각해 삼성전자나 현대차 같은 한국의 대표 주식을 매수해, 역시 동학개미운동에 참여했습니다. 동학개미운동은 기관투자자들의 투매에 맞서 한국 주식시장을 지켰고, 덕분에 코스피는 어느 정도 회복했습니다. 그러나 단기적 효과를 보았다고 해서 개미가 계속해서 승리하기는 어렵습니다. 저는 이 운동이 장기적으로 성과를 거두기 위해서는 다음의 부분을 고민하면 좋으리라 생각합니다.

첫째, 주식투자에서 성공하기 위해선 큰 노력이 필요하다는 점입니다. 저는 동학개미운동이 매우 적절한 '타이밍'에 이뤄졌다고 생각합니다. 외부 충격(코로나19 바이러스의 세계적인 확산)으로 주식시장이 일시적으로 패닉에 빠졌을 때는 주식을 매입하는 게 적절한 행동이라 봅니다만, 이런 투자 타이밍이 언제나 성과를 보장하는 것은 아닙니다. 왜냐하면 투자는 굉장히 힘든 과정이거든요. 이 책《절대수익 투자법칙》 47쪽에 다음과 같은 표가 나옵니다. 모든 투자자가 한 번은 꼭 생각해볼 질문입니다.

우리는 아주 빠른 속도로 부자가 될 수 있을까?

- 아주 빠른 속도로 요리를 배워서 5성급 호텔주방장이 될 수 있을까?
- 아주 빠른 속도로 의술을 배워서 외과수술을 할 수 있을까?
- 아주 빠른 속도로 컴퓨터 언어를 배워서 운영체제를 만들 수 있을까?
- 아주 빠른 속도로 축구를 배워서 프로선수가 될 수 있을까?

= 아주 빠른 속도로 투자를 해서 부자가 될 수 있을까?

물론 첫 번째 조건을 꼭 만족해야 좋은 투자 성과를 내는 것은 아닙니다. 두 번째 방법도 있습니다. 그것은 바로 '운'입니다. 운이 좋으면 실력을 키우지 않아도 좋은 성과를 낼 수 있으니까요. 다만 아래 그림에서 볼 수 있듯 주식투자의 프로조차 그리 운이 좋지 못하다는 점만은 언급하고 싶네요. 1970년부터 2016년까지 미국 주요 뮤추얼펀드, 즉 주식형 펀드를 운용한 펀드매니저의 성과를 측정했는데 전체 펀드 중 80%가 이미 사라졌다고 합니다. 성과가 부진해서 없어졌겠죠. 그리고 살아남은 1/5의 펀드 중에서도 확실하게 수익을 거둔 펀드는 1/10에 불과하다는 것을 알 수 있습니다.

뮤추얼 펀드의 장기 수익률(1970~2016년)

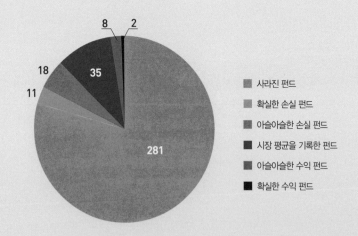

사라진 펀드
확실한 손실 펀드
아슬아슬한 손실 펀드
시장 평균을 기록한 펀드
아슬아슬한 수익 펀드
확실한 수익 펀드

이 대목에서 다음과 같은 의문을 가진 독자들이 적지 않을 것 같습니다.

**공부할 시간도 없고, 지금껏 살면서 그렇게 운이 좋지 않다고
느낀 사람은 어떻게 투자해야 하나?**

저 역시 같은 고민을 오랫동안 했습니다. 이코노미스트로 25년 이상 일했지만, 경제분석과 주식투자는 전혀 다른 영역이었습니다. 주변을 한번 살펴보세요. 경제학계의 거두 중에 주식투자로 성공한 사람이 있는지 말입니다. 아마 역사를 100년쯤 거슬러 올라가야 케인스와 리카르도라는 예외적인 존재를 발견할 수 있을 것입니다. 그만큼 주식투자로 성공하기란 어려운 일입니다.

그렇다면 저는 어떻게 투자하고 있을까요? 이 책의 저자와 비슷하게 자산을 배분해 투자하고 있습니다. 2012년 썼던 저의 책《돈 좀 굴려봅시다》에서 소개했던 방법 그대로, 자산의 상당 부분을 미 달러 자산에 투자하고 있습니다. 2020년 3월, 한국 주식시장에 투자한 돈이 바로 달러 자산에 투자했던 돈입니다.

**달러 가치가 상승하는데, 이를 팔고
폭락하는 한국 주식을 매수하다니!**

이런 아우성이 들리는 것 같습니다. 물론 저도 이를 수행하는 데 용기가 필요했습니다. 그러나 올웨더 전략을 비롯한 다양한 자산 배분 전략을 꾸준히 실천하다 보니, 더 오를 것 같은 자산에 욕심을 내기보다는 목표보다 비중이 낮아진 자산에 투자할 수 있었습니다.

자산 배분 전략의 기본부터 올웨더 전략의 실천과 보완까지 다룬 이 책《절대수익 투자법칙》을 읽는다고 해서 모두가 다 부자가 되는 것은 아닐 수 있습니다. 그러나 이 책의 독자는 언제고 다시 주식시장이 폭락하더라도 용기를 낼 수 있으리라 기대합니다.

사실 한국 출판시장에서 '자산 배분'을 다룬 책은 인기가 그리 높지 않습니다. '하루라도 빨리 부자가 되고 싶은' 독자들에게 이 선택이 그렇게 매력적으로 보이지 않기 때문입니다. 그러나 장기간에 걸친 미국 주식 펀드매니저들의 성과에서 확인할 수 있듯, 소위 말하는 전문가들에게조차 '빨리 부자 되기'가 굉장히 어려운 일이라는 것을 인정하고 이해했다면 이 책은 부자가 되는 길을 걸어가는 데 큰 도움이 될 것으로 생각합니다.

자산 배분과 올웨더 전략에 대해 각종 표와 그래프, 근거 자료를 통해 쉽게 설명한 김단테님, 그리고 깔끔하게 편집해 준 이레미디어에게도 감사의 말씀을 전합니다.

추천사

재테크에 관심이 있다면, 꾸준히 자산을 늘리고 싶다면, 그런데 시간이나 정보가 부족하다 느낀다면, 개별 주식, 부동산이 아닌 자산 배분부터 공부해야 합니다. 재테크 서적은 차고 넘치지만, 자산 배분에 대해 알려주는 책은 극히 드뭅니다. 진짜 자산 배분 전문가가 쓴 제대로 된 자산배분 책이 드디어 나왔습니다.

홍진채 – 라쿤자산운용 대표

자산 배분은 한국에서는 아직 낯선 투자법입니다. 자산 배분으로 유명한 투자자로는 '기관 투자계의 워런 버핏'이라 불리는 예일대학교 기금의 최고투자책임자 데이비드 스웬슨, 《현명한 자산배분 투자자》를 쓴 윌리엄 번스타인, '세계 최고 헤지펀드'로 불리는 브리지워터를 이끄는 레이 달리오를 손에 꼽습니다. 이 책의 저자 김동주는 레이 달리오의 '올웨더'라는 자산 배분 전략에 대해 국내 최고의 전문가입니다. 아니, 전문가라는 점잖은 단어보다는 '덕후'라는 표현이 더 어울릴지 모르겠습니다. 저자가 다른 전문가들과 다른 점은 지식을 공유하는 데 있습니다. 그는 이미 블로그와 유튜브를 통해 레이 달리오와 올웨더에 대해 지속적으로 소개하고 얘기해왔습니다. 자기가 애써 공부해서 알게 된 것을 이처럼 나눠주는 사람은 흔치 않습니다. 그가 마치 '덕후'처럼 파고들어 공부하고 얘기해왔던 내용을 일목요연하게 정리한 것이 바로 이 책《절대수익 투자법칙》입니다. 세상에는 '최고의, 유일한, 최강' 투자법 같은 건 없습니다. 하지만 '적당한', 혹은 '괜찮은' 포트폴리오를 찾기는 어렵지 않습니다. 자산 배분 포트폴리오가 그에 해당하리라 생각합니다. '나한테 잘 맞는' 투자법을 선택하는 것은 독자의 몫입니다. 미국에 상장된 ETF를 대상으로 자산 배분 포트폴리오를 안내하는 책은《절대수익 투자법칙》이 국내 최초가 아닐까 싶습니다. 투자와 수익에 목마른 개인 투자자에게 이 책은 오래도록 좋은 오아시스가 되어줄 것입니다.

김성일 - 《마법의 돈 굴리기》, 《마법의 연금 굴리기》 저자

저는 언제나 "올웨더 포트폴리오가 투자자의 99%에게 적합하다"라고 강조해왔습니다. 그런데 이 올웨더 포트폴리오를 주제로 하는 책이 나오다니!《절대수익 투자법칙》에서는 자산 배분 전략이 통할 수밖에 없는 이유와 근거에 대해서는 물론이고, 1926년부터 이 전략을 운용했을

경우의 시뮬레이션 결과까지 포함하고 있습니다. 가장 합리적인 투자, 투자의 정석이 바로 이런 것이 아닐까요? 이 책을 많은 독자가 읽었으면 좋겠고, 교과서 버전으로 만들어 전국의 초중고등학교에서도 읽도록 해야 한다고 추천합니다.

강환국 – 《할 수 있다! 퀀트 투자》 저자

세계에서 가장 탄탄한 정적 자산 배분 전략의 하나인 올웨더 포트폴리오의 모든 것이 이 책 한 권에 녹아 있습니다. 시장 상황과 무관하게 안정된 수익을 올리는 올웨더 자산 배분 전략의 핵심 원리와 구체적인 로직은 물론이고, 경제 상황의 변화에 따른 실물 경제의 흐름에 대한 깊이 있는 지식까지 총망라하고 있습니다.

　저는 이 책을 단지 '추천'하는 데서 그치지 않겠습니다. 독자들에게 감히 일독을 '강요'하고 싶습니다.

Systrader79 – 《주식투자 ETF로 시작하라》 저자

개인 투자자에게
최고의 선물, 올웨더

세계에서 가장 성공한 펀드로 불리며, 1,000억 원 이상을 투자하는 기관의 자금만을 유치하는 '그사세(그들만이 사는 세상) 펀드'가 있다. 그런데 그 펀드의 투자법을 나도 그대로 따라 할 수 있다면, 믿을 수 있겠는가? 놀랍게도 답은 '그렇다'이다.

세계에서 가장 성공한 헤지펀드인 Bridgewater Associates(이하 브리지워터) 얘기다. 브리지워터는 세계에서 가장 많은 자금을 운용하고 있는 헤지펀드이고, 헤지펀드 역사상 고객에게 가장 많은 수익금을 안겨 주었다. 이 회사의 창업자인 레이 달리오Ray Dalio는 월스트리트 최고의 거물 투자자 중 한 명으로 손꼽힌다. 그는 수십 년간 뛰어난 투자실적을 내는 것은 물론, 2008년 세계를 뒤흔든 서브프라임 경제위기를 2007년에 미리 경고하는 등 탁월한 모습을 보여왔다. 이에 타임지가 선정한 세계에서 가장 영향력 있는 100인, 블룸버그 마켓이 선정한 가장 영향력 있는 50인에 이름을 올리는 등, 그의 이름은 지속적으로 회자되고 있다. 그의 개인 재산은 180억 달러(한화 기준 약 21조 원)에 달하며, 포브스가 선정한 세계 57위의 억만장자이기도 하다.

투자 공부에 매진하던 2018년, 나는 레이 달리오의 인터뷰와 그가 쓴 글들을 탐독했다. 그리고 곧 레이 달리오 특유의 명료하고 깊은 논리에 빠져들었다. 그의 논변은 다른 투자 대가들과는 다소 달랐다. 그의 특징은 철저하게 근거로 제시되는 데이터들에 있었다. 뛰어난 경영자, 정성적 설명이 아닌 숫자로 귀결되는 그의 접근 방식은 나를 매료시켰다. 나는 본격적으로 그에 대해 조사하기 시작했다. 수십 년간 성공을 거듭한 그와 그의 회사에 대한 정보들은 결코 부족하지 않았다. 이 자료들을 정리하면서, 흐릿했던 브리지워터식 투자의 그림이 분명해지기 시작했다.

브리지워터는 공식적으로 두 개의 펀드를 운용하고 있다. 하나는 퓨어알파Pure Alpha이고, 다른 하나는 올웨더All Weather이다. 이 중 내가 파고든 것은 올웨더이다. 모든 계절을 이겨낼 수 있다는 의미로 이름 지어진 올웨더는, 24년간 누적수익률 480%를 기록한 걸작이다. 이 책을 이해함으로써, 당신도 그 투자 방식을 그대로 따라 할 수 있다.

혹자는 토니 로빈스의 《머니》라는 책에서 레이 달리오가 제시한 포트폴리오를 생각할지도 모르겠다. 《머니》에는 레이 달리오가 직접 추천한 올시즌스 포트폴리오가 소개되었으며, 세간에는 이 포트폴리오가 올웨더로 알려져 있기도 하다. 그런데 내가 연구해보니 올웨더와 올시즌의 포트폴리오는 분명히 달랐다. 단순히 수치적으로 다른 것뿐만 아니라, 구성 성분과 철학 자체가 사뭇 달랐다. 나는 브리지워터에서 운영하는 포트폴리오가 올시즌스 포트폴리오보다 더 뛰어나다고 판단한다. 어떤 점이 그런지는 본문에서 설명하겠다.

이 책을 통해 나는 올웨더가 어떤 투자법이고, 왜 성립하는지, 무엇보다도 구체적으로 어떻게 따라할 수 있는지를 설명할 것이다. 올웨더를 알게 된 것은 내 투자 인생의 큰 축복이었다. 이 책을 읽는 모든 분에게도 이 경험을 공유할 수 있기를 진심으로 희망한다.

目
次

1장 세계 최고 헤지펀드를 파헤치다

2장 우리의 투자는 왜 실패하는가?

9장 **더 공부하기**

ALL WEATHER
PORT

1장

세계 최고의 헤지펀드를
파헤치다

A L L
WEATHER
PORTFOLIO

프로그래머,
투자를 시작하다

기억도 희미할 정도로 오래전부터 나는 프로그래밍이 재미있었다. 우연히 다니게 된 컴퓨터 학원에서 프로그래밍을 접한 뒤 불이 붙었고, 대학 전공도 컴퓨터공학을 선택했다. 동아리 활동도, 소모임도 모두 프로그래밍에 관련된 곳이었다. 4학년 때는 국가대표로 프로그래밍 세계대회ACM-ICPC에 출전해 입상하기도 했다. 세상에 존재하는 수많은 문제들을 지식과 직관을 조합해 내 손으로 해결해 내는 것이 바로 프로그래밍의 매력이다. 복잡한 계산을 통해 문제를 풀어내고, 불필요한 과정을 생략하고, 새로운 경험을 만들어낼 수 있다. 내가 만든 프로그램을 주변에서 유용하게 사용할 때 큰 보람을 느꼈다. 내가 마치 마법사가 된 것 같은 기분까지 들었다.

시련은 대학원에 진학한 뒤 시작됐다. 실용적 문제 해결이 아닌 학문의 영역으로 파고들면서, 바로 결과가 나오는 것이 아닌 먼 훗날 필요할지도 모를 것들을 연구해야 했다. 세상에 필요한 일이기는 했으나 빠른 피드백을 원하는 내 성향과 맞지 않았다. 박사를 포기하고 취업한 직장에서도 사정은 달라지지 않았다. 나는 굴지의 IT 대기업에 취업했다. 좋아하는 프로그래밍을 안정적으로 할 수 있으리라 믿었기 때문이다. 그러나 직장인의 삶은 프로그래밍에 집중할 수 있도록 나를 놔두지 않았다. 대기업 내의 개인은 부속품에 불과하다. 혼자서 빠르게 해치울 수 있는 일은 거의 없고, 내가 만든 프로그램이 실제 고객에게 도달되기까지는 시간이 필요했다. 동료들은 고객이 아닌 상사의 평가에 목을 맸다. 냉정하게 말하면, 뛰어난 프로그램을 만드는 것보다 승진이 모두의 관심사였다. 프로그래밍을 통해 바로바로 문제를 해결하던 학창 시절이 참을 수 없을 만큼 그리웠다.

그런 나의 사정을 잘 알고 있던 대학 친구들이 함께 창업하자는 제의를 했다. 2010년이었다. 아이폰과 갤럭시S1, S2 같은 제품들이 나와서 모바일 앱을 사용하기 시작한 시기였다.

스마트폰은 기존의 휴대폰과 크게 달랐다. 소수의 프로그램만을 간신히 실행시키던 휴대폰과 달리, 스마트폰은 본질적으로 컴퓨터에 가까웠다. 사람들은 앱스토어를 통해 자유로이 모바일 앱(App, 어플리케이션)을 다운로드하고 사용하기 시작했다. 이렇게 사람들의 행동이 변화하는 시기는 내가 합류한 것과 같은 스타트업* 기업들에 다시없을 기회였다. 그러나 성공의 가능성 이상으로 나의 구미가 당긴 것은, 실제 사용자에게 도달할 수 있는 프로그램을 만들 수 있으리라는 기대였다. 대기업에 남아있는 채로는 어려운 일이었다.

2011년 '로티플'이라는 회사를 창업했다. 티켓몬스터나 쿠팡 등에서 시작한 소셜커머스 서비스를 모바일에서 구현하는 서비스를 최초로 제공했다. 우리의 비전과 개발력을 인정하여 일본 소프트뱅크의 투자도 받을 수 있었다. 그럼에도 서비스를 몇 개월 운영하자 현 비즈니스 모델로는 수익을 내기 어렵다는 것을 깨달았다. 좀 더 수익성이 있는 다른 모델을 찾고 있을 무렵, 카카오에서 인수 제의가 들어왔다. 카카오톡을 서비스하는 그 카카오이다. 지금은 전 국민이 매일같이 쓰고 있는 카카오톡이지만, 당시 카카오는 주목받는 기업 중 하나에 불과했다. 서비스 사용세는 폭발적이었지만 매출은 거의 없고 적자만 눈덩이처럼 불어나고 있었다. 그러나 경영진들과의 미팅을 통해 카카오의 서비스 개발 역량이 몹시 뛰어나다는 것을 알게 되었다. 그들은 무서운 속도로 서비스를 확장하고 있었고, 그 근간에는 탁월한 프로그래밍 역량이 있었다. 나는 창업가이기 이전에 본질적으로 프로그래머였다. 그래서 카카오를 통해 더 많은 사용자에게 도달할 프로그램을 만들 수 있다고 생각해 인수·합병(M&A)을 결정했다.

◆ 스타트업(Start-up): 설립한 지 오래되지 않은 신생 벤처기업을 뜻하며 미국의 실리콘밸리에서 처음 생겨난 용어다.

카카오는 우리가 입사 후에도 열정적으로 일하기 바랐기 때문에, 회사 매각 대금을 카카오 주식으로 지급했다. 적지 않은 금액을 현금이 아닌 주식으로 받은 당시의 생소함이 아직도 기억난다. 그것이 현명한 선택일지 로티플의 구성원들은 여러모로 고민했고, 마지막까지 주저했다. 결과적으로, 그 결정으로 인해 내 인생은 엄청나게 바뀌었다. 카카오는 우리를 인수하고 몇 개월 후인 2012년 7월 애니팡, 드래곤 플라이트 등을 포함한 '카카오 게임' 서비스를 시작했다. 불과 한 달여 만에 전 국민은 애니팡 하트를 주고받았다. 회사에는 폭발적인 매출이 발생하기 시작했다. 이후에도 카카오는 진격을 멈추지 않았다. 다음^{Daum}과의 합병 이후 카카오는 상장사가 됐고, 기업가치가 무려 40~50배◆ 늘었다. 장부상의 숫자에 불과했던 주식이 바로 현금화 가능한 자산이 된 것이다. 계좌 잔고를 확인해보니 평생 써도 다 못 쓸 것 같은 엄청난 금액이 찍혀있었다. 스마트폰 MTS 화면은 내가 보유한 자산의 단위를 다 표시하지도 못했다. 나는 부자가 되었다.

이제 나의 숙제는 이 돈을 '어떻게 투자해야 하는가'로 바뀌게 되었다. 모든 분야가 그렇듯 전문가에게 믿고 맡겨야 한다고 생각했다. 주변에 수소문하여 투자전문가를 찾아다녔다. 내가 만났던 사람들은 자산관리사나 PB^{Private Banker◆◆}였다. 그들이 추천한 수십 개의 금융상품에 가입했다. 비상장주식회사에 투자하는 상품이나 공모주펀드, 미국

◆　로티플 인수 당시 카카오의 가치는 2,000~2,500억 원 정도였다. 2019년 12월 기준 카카오의 가치는 약 15조 원이다.
◆◆　PB: Private Banker, 고액자산가의 자금관리를 도와주는 금융회사 직원.

과 중국주식 그리고 한국주식에 투자하는 상품을 비롯하여 각종 채권 상품에도 투자했다. P2P 회사에도 돈을 맡겼다. 그런데 4년 동안 누적 수익률은 0%였다. 큰 자금을 맡겼는데 4년간 수익률이 0%라니 아무리 생각해도 너무하지 않은가? 이런 실망과 분노 때문에 나는 투자에 관해 공부하기 시작했다.

소위 금융전문가들의 비전문성에 분노한 나는 자연스럽게 전업투자자의 길을 걷게 되었다. 투자를 시작하면서 수많은 정보 중 의미 있는 정보를 찾아내는 일이 가장 힘들었다. 정보가 넘쳐나는 것이 문제였다. 어디서부터 참고해야 할지 감이 오지 않았다. 처음 몇 달간은 닥치는 대로 공부했으나 책마다, 사람마다 주장이 다르다 보니 실질적으로 어떻게 투자를 해야 할지 감을 잡을 수 없었다. 처음에는 여러 가지 '기법'을 전전하다가 '사람'에 집중하기 시작했다.

세계 최고의 헤지펀드 브리지워터를 만나다

최고의 투자자들을 찾다 보니 자연스레 헤지펀드Hedge Fund◆에 관심을 갖게 되었다. 세계에서 가장 성공한 헤지펀드는 브리지워터Bridgewater

---

◆ 헤지펀드란 주식, 채권, 파생상품, 실물자산 등 다양한 상품에 투자하여 목표 수익을 달성하는 것을 목적으로 하는 펀드이다.

Associates(이하 브리지워터)이다. 이 헤지펀드는 세계에서 가장 많은 자금을 운용하고 있고*, 헤지펀드 역사상 고객에게 가장 많은 돈을 벌어다 주었다. 이 회사의 창업자인 레이 달리오Ray Dalio는 국내에 발간된 《원칙》[1]이라는 책으로도 유명하다. 최근에는 경영 뒷선으로 물러나 외부 활동을 활발히 하고 있다. 레이 달리오의 인터뷰와 그가 쓴 글들[2]을 읽어보며 나와 가장 잘 맞는 사람이라는 생각이 들었다. 그의 주장은 명확했고, 데이터에 기반하고 있었다. 그래서 그에 관해 본격적으로 검색하기 시작했다. 미국 사람들이 주로 이용하는 투자포럼 혹은 브리지워터의 영업자료 등을 통해 흐릿했던 투자의 방향이 분명해지기 시작했다.

브리지워터는 공식적으로 두 개의 펀드를 운용하고 있다. 하나는 퓨어알파**Pure Alpha고, 다른 하나는 올웨더All Weather이다. 아쉽게도 퓨어알파가 어떻게 운영되는지는 상세히 공개된 내용이 없다. 반면에 올웨더는 찾아보면 많은 힌트가 있어 개인투자자인 우리도 비슷하게 운영할 수 있다. 이 책에서는 어떻게 해야 브리지워터의 올웨더와 비슷하게 투자할 수 있는지에 대해 설명할 것이다. 올웨더라는 이름을 보는 순간 일부 독자는 토니 로빈스Tony Robbins의 《머니》[3]라는 책을 떠올렸을지도 모르겠다. 그 책에서도 레이 달리오가 직접 포트폴리오를 추천***하는데, 그 포트폴리오는 브리지워터에서 운영하는 포트폴리오와는 분명

◆　　2018년 기준 약 180조 원에 이른다.
◆◆　퓨어알파는 외환, 원자재, 주식, 채권 등에 액티브하게 투자하여 장 중립적인 초과 수익을 달성하는 전략이다.
◆◆◆ 책에서는 올시즌스 포트폴리오(All Seasons Portfolio)라고 표현한다.

히 다르고, 아쉬운 점들이 있다. 어떤 차이가 있는지는 뒤에서 자세히
설명하겠다.

올웨더와 새로운 시작

2년간의 연구 끝에 2018년 12월 올웨더 포트폴리오를 6억 원의 자
금*으로 운용하기 시작했다. 계산상으로만 발생하던 수익이 실제 계
좌에서 발생하는 것을 직접 확인하니 짜릿했다. 마침 2019년은 올웨
더 포트폴리오가 맹활약한 해였기에 나는 그 성과를 행복하게 만끽할
수 있었다. 그런데 브리지워터에 예전부터 수천억 원의 자금을 맡겼던
기관들은, 이런 성과를 이미 수십 년간 누려왔을 터였다. 나는 고군분
투를 통해 이제야 따라잡은 것에 불과했다. 그것은 자랑스러우면서도
다소 억울한 감정이었다. 그래서 나는 이 경험과 투자법을 주변에 공
유하기 시작했다. 내가 사랑하는 이들이 보유한 자산 규모와 무관하게
이 투자법을 통해 함께 수익을 얻기를 바랐기 때문이다.

그런데 이후의 경험은 기대와는 달랐고, 때로는 불쾌하기까지 했다.
많은 사람이 내 포트폴리오를 꼼꼼히 받아 적어갔으면서도 변덕을 부
려 포트폴리오를 망쳐버리거나, 자극적인 뉴스와 유튜브 영상을 보고
금세 돈을 빼버리곤 했다. 일시적인 하락에 의심이나 짜증을 보이기도

◆　2019년 4월에 약 2억 원 추가함.

했다. 그들을 번번이 말리고 설명하느라 고생하는 과정에서, 함부로 투자 조언을 하지 말라는 격언이 왜 있는지 깨달았다. 단순히 무엇을 얼마나 사야 하는지 알려주기만 해서는 제대로 투자할 수 없는 것이었다.

그래서 나는 두 가지를 결심했다.

첫째, 올웨더 투자전략이 어떤 원리로 성립하는 것인지를 상세히 정리하기로 했다. 이해하지 못하면 투자를 지속할 수 없기 때문이다. 나는 지금까지 수집했던 자료를 정리해 이 책을 집필하기 시작했다. 이 책을 통해 독자들이 올웨더 투자전략을 제대로 이해하고 소화할 수 있기를 바란다.

둘째, 투자의 실행을 더 직접적으로 돕는 방법을 개발하기로 했다. 나는 개발자이자 창업가였기 때문에 올웨더 포트폴리오를 프로그램으로 만들고 사업화하는 것을 구상할 수 있었다. 마침 나의 사업 방향을 존중해주는 친구들과 뜻이 맞아 '이루다 투자일임'(https://www.iruda.io/)이라는 투자회사를 시작했다. 자동화된 서비스를 통해 좀 더 쉽고 편하게 투자할 수 있으리라 생각한다.

건전한 투자를 해야 하는 이유

사람들은 그냥 좋아 보여서, 차트 모양이 좋아서, 남들이 좋다고 말해서와 같은 불분명한 이유로 투자를 시작한다. 그리고 그 사람들은 대개 투자에 실패한다. 물론 운이 좋은 일부는 투자에 성공한다. 하지만 성공이 더 큰 문제다. 왜냐하면, 그는 같은 방식의 안일한 투자를 반복할 것이고, 과거와 같은 행운이 계속해서 따라줄 가능성은 매우 낮기 때문이다. *

나는 독자들에게 이런 불건전한 투자에 벗어나 건전한 투자를 할 것을 제안한다. 건전한 투자란 왜 사는지 그리고 왜 파는지에 근거가 있는 투자이다. 자신이 하는 투자의 논리를 타인에게 구체적으로 설명할 수 있는 투자이다. 매번 성공할 수는 없다. 손해를 보더라도 치열하게 연구한다면 실패 속에서 배움이 있고, 다음번 성공 확률이 높아질 것이다. 또한 투자계획을 명문화하는 과정에서 고민하고 조사하면서 합리적인 자신감을 얻을 수 있다. 합리적인 자신감은 자신이 세운 투자 원칙을 유지하는 데 큰 도움을 줄 것이다.

나는 지금까지 다양한 투자를 해봤고, 모든 투자 방식은 건전하게만 진행한다면 충분히 수익을 거둘 수 있었다. 시스템 트레이딩이건 가치투자건 자산 배분이건 이 원칙은 같다. 자신만의 구체적인 이유와 논리적인 토대가 있어야 한다. 다만 이렇게 고민을 하더라도 100% 맞는다는 보장은 없다. 투자에 반드시 수반되는 불완전성을 포용할 자신이 없다면, 투자하지 말아야 한다.

회사를 세우기 전에 사업계획서를 쓴다. 자신이 왜 이 사업을 해야 하고, 이 사업에서 어떤 기회가 보이는지에 대한 내용이 들어간다. 투자도 자본을 투입해서 돈을 번다는 점에서 창업과 같다. 계좌 개설부

◆ 나심 탈레브의 《행운에 속지 마라》에 관련된 얘기가 많이 나온다.

터 매매하기까지의 절차적인 과정은 누구나 쉽게 시작할 수 있으나 돈을 버는 것은 투자도 창업만큼이나 어렵다. 투자로 돈을 벌기가 쉬웠다면, 수많은 사람이 전업투자자로 활동하고 있을 것이다. 돈을 버는 행위는 언제나 진지하게 접근해야 한다. 일주일에 투자를 위해 쓰는 시간이 몇 시간인지 생각해보자. 혹시 일주일에 투자를 위해 1시간을 쓰고 있다면, 거꾸로 이렇게 생각해보자. 일주일에 1시간을 투자해 카페를 창업하고 운영하면 성공할 수 있을까?

이 책이 곧 나의 투자계획서이다. 왜 올웨더 포트폴리오로 투자해야 하는지 이 책을 통해 여러분에게 설명해보겠다. 책 한 권의 분량으로 자신의 투자 방식을 설명할 수 있다면 건전하고 탄탄한 투자라고 생각한다.

핵심 정리

- 필자는 전문가를 믿고 금융기관에 돈을 맡겼으나 그 성과가 형편없었다. 이후 투자에 관심을 갖게 되었다.
- 다양한 투자를 직접 해보며 레이 달리오가 하는 올웨더 포트폴리오가 개인이 운용하기에 적합한 투자 방법이라는 것을 깨달았다.
- 투자 방법을 온전히 이해해야만 투자를 지속할 수 있다.

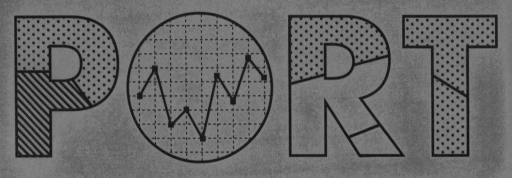

ALL WEATHER PORT

2장

우리의 투자는 왜 실패하는가?

A L L
WEATHER
PORTFOLIO

금융전문가를 전적으로
믿으면 안 된다

필자는 소위 '금융전문가'들의 판단에 전적으로 따르면 안 된다고 생각한다. 약 4년간 귀한 시간과 수업료를 치르는 과정에서 그 이유를 깨닫게 되었다. 근본적인 문제는 금융상품의 판매시스템에 있다. 금융상품을 판매하는 데 중간에 낀 사람들이 너무 많다. 금융상품을 판매하는 은행, 증권사 같은 판매사에서 판매수수료를, 상품을 직접 운용하는 운용사에서는 운용수수료를 가져간다. 이들이 가져가는 판매수수료는 고객의 주머니에서 나온다. 이런 구조에서는 고객과 운용사 그리고 판매사의 이해관계가 상충한다. 금융상품들은 대개 운용자금에 대해 연

2~3%의 수수료를 부과한다. 이렇게 2~3%를 떼주다 보면 고객에게 가는 수익은 줄어들 수밖에 없다. 또한 자산관리사나 PB들이 고객에게 올해 수익이 높을 것이라 판단되는 상품을 찾아줄 수 있다면 좋겠으나 그들에게도 그런 상품을 찾는 것은 어려운 일이다. 아무리 전망을 잘하는 곳이라고 해도 올해 어떤 자산군이 오를지, 한국주식이 오를지 미국주식이 더 많이 오를지 정확하게 맞출 수는 없다. 결국 대부분의 자산관리사와 PB는 자신이 많은 수수료를 벌 수 있는 상품의 판매에 더 집중한다.

모든 재테크의 시작, 주식투자

예나 지금이나 사람들은 현금이 생기면 그 현금을 더 높은 수익률을 얻을 수 있는 자산군으로 교환해왔다. 사람들이 주로 투자했던 자산군은 주식 혹은 부동산이었다. 이 책은 부동산에 대한 책은 아니니 부동산에 대해서는 넘어가고, 주식에 대해 집중할 것이다. 제러미 시겔 Jeremy Siegel 교수의 《주식에 장기투자하라》[4]라는 책이나 《낙관주의자들의 승리 Triumph of the Optimists》[5]를 보면, 비록 100여 년밖에 안 되는 짧은 역사지만, 전 세계 주식시장은 우상향해왔다.

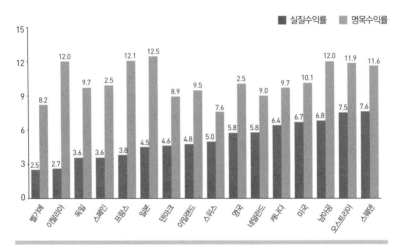

[그림 2-1]에 따르면, 실질 수익률*로 보나 명목 수익률로 보나 우상향해왔음을 알 수 있으나 국가마다 상승폭의 차이는 크다. 책의 뒷부분에서 설명하겠지만 어느 국가가 잘 나갈지 뒤처질지 알 수 없으므로 원칙적으로 우리는 모든 국가에 투자해야 한다.

◆   물가상승을 적용한 수익률이다.

개별주 투자로 꾸준히
성과를 낼 수 있을까?

우리는 흔히 재테크의 수단으로 상장시장에 있는 개별주들, 특히 잘 알려진 기업들 위주로 매매한다. 하지만 개인에게 개별주 투자는 그렇게 녹록하지 않다.

■ 그림 2-2 | 어느 회사의 주가일까?

위의 주가 그래프를 보자. 주가 그래프만 본다면 당신은 이 주식에 투자하고 싶은가? 고점 대비 90%까지 빠진 적도 있는 종목이다.

이 종목은 바로 아마존이다. 아마존은 닷컴 버블 시절 대비 90%까지 빠졌었다. 그 후에 아마존은 [그림 2-3]과 같은 그래프를 그렸다. 상장 후 아마존은 20년 동안 약 350배 올랐다. 실로 어마어마한 상승률이다. 사람들은 아마존 같은 기업에 투자하는 것이 쉽다고들 얘기하지만, 막상 아마존의 차트를 꼼꼼히 살펴보면 절망적인 구간이 존재한다. [그림 2-2]에 소개했던 대폭락 시기는 [그림 2-3]에서의 동그라미 부분에 불과했다. 아무리 아마존의 성장에 대한 확신이 있더라도 고점대비 90% 빠진다면 계속 갖고 있기 어려웠을 것이다.

■ 그림 2-3 | 아마존의 주가(1998~2019년)

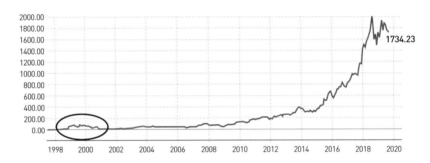

■ 그림 2-4 | 마이크로소프트의 주가(1992~2019년)

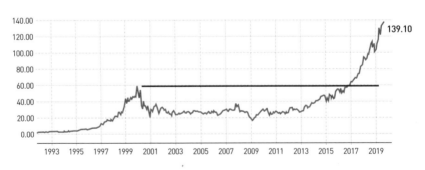

요즘 한국의 개인투자자들이 많이 투자해 '국민주'라고도 불리는 마이크로소프트는 어떨까? 마이크로소프트의 주가는 조금 더 특이한데, [그림 2-4]를 보면 알 수 있듯 고점 이후 절반 이상 하락했고, 고점을 다시 회복할 때까지 무려 14년이 걸렸다. 이렇게 전고점을 회복하지 못하는 시기를 언더워터 피리어드Underwater Period라고 한다. 투자성과를 판단하는 중요한 지표로 사용된다.

대부분의 사람은 계좌에 −90%가 찍히거나 혹은 자신의 계좌가 14년 동안이나 전고점을 회복하지 못한 채 바닥을 찍는다면 버티지 못할 것이다. 아마존이나 마이크로소프트가 훌륭한 기업이라는 확신이 있어도 주가가 오를 때까지는 많은 시간이 필요하고, 시장은 투자자들의 믿음에 강한 부정을 제기할 것이다. 그런 부정 속에서 다수의 판단이 틀렸고, 내 생각이 옳다는 신념을 지킬 수 있을까? 과연 그런 사람들이 전체 투자자 중에서 몇 명이나 될까? 필자도 다른 투자자들과 다를 것이라

■ 그림 2–5 | AIG의 주가

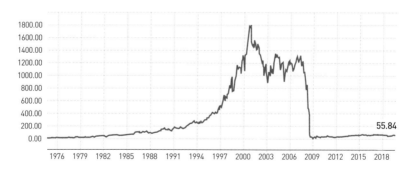

생각하지 않는다. 그리고 아마 이 책을 읽는 사람의 90%도 크게 다르진 않을 것이다.

필자가 극단적인 케이스만을 예로 든 것이라 생각할 수도 있다. 하지만 이런 종목들은 생각보다 흔하다. 여러분이 알고 있는 아무 종목이나 차트를 펼쳐보라. 장기적으로 우상향한 것처럼 보여도 단기적인 부분을 살펴보면 고난의 구간이 반드시 존재한다. 심지어 우리가 살펴본 종목들은 생존편향*이 있어서 오히려 결과가 좋게 나온 종목들이다. 아마존이나 마이크로소프트는 장기간 시장에서 승리한 종목이기 때문이다. 노키아나 AIG 혹은 리먼 브러더스처럼 시장에서 완전히 산화되어버린 대형주들을 매수했다면 결과가 어땠을까?

전설적인 투자자 중 한 명인 하워드 막스 Howard S. Marks는 자신의 저서인《투자에 대한 생각》[7]에서 다음과 같이 표현하고 있다.

뉴욕증권거래소와 같은 주요 주식시장은 어떠한가? 수백만의 사람들이 수익을 열망하며 예측하는 이런 곳에서는 모두가 비슷한 정보를 입수한다. 시장을 규제하는 목적 중에 하나가 모든 투자자가 동시에 한 회사의 정보를 얻을 수 있게 하기 위함이다. 수백만이나 되는 사람들이 비슷한 정보를 토대로 비슷한 분석을 한다면, 주가가 잘못 형성되는 일이 얼마나 자주 있을 것이며, 누군가 주가를 잘못됐다는 것을 알아차리는 경우는 얼마나 자주 있을 것인가?

◆ 비교적 가시성이 두드러지는 생존자의 사례에 집중함으로써 생기는 편향

하워드 막스의 표현을 다시 요약하면 다음과 같다. 주식시장에서 대형주는 모두가 관심 있어 하는 종목이고, 전 세계의 모든 펀드매니저들이 분석하고 있어서 그 회사의 주가가 잘못 반영되는 일이 아주 드물게 일어난다는 얘기이다. 우리가 전 세계의 수많은 펀드매니저들이 보지 못하는 것을 먼저 찾아내서 앞서갈 수 있을까? 그것도 대형주에서? 그럴 가능성은 그리 높지 않다.

투자를 수십 년 이상 계속한다면 반드시 다음에 설명하는 것과 같은 상황을 맞이하게 될 것이다. 이런 상황에서 여러분은 어떻게 행동할 것인가?

펀드회사에 맡기면 어떨까?

미국에서도 주식투자 열풍이 불면서 펀드투자 붐이 일어났다. 직접 투자에 지치고 실패한 개인들이 펀드매니저에게 자신의 자금을 맡기기 시작한 것이다. 하지만 기대와는 달리 투자자들의 지갑은 두툼해지지 못했다. 이때 혜성처럼 나타난 인물이 뱅가드Vanguard 그룹의 창업자 존 보글John Bogle이다. 그는 대부분의 펀드가 시장수익률도 못 내는 사실을 지적하며, 인덱스 펀드에 투자해야 한다고 강력히 주장했다. 그는 자신의 책《모든 주식을 소유하라》[8]에서 1970년부터 2016년까지 미국 시장에 존재했던 모든 뮤추얼 펀드를 전수조사했다.

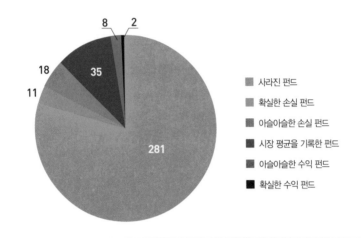

■ 그림 2-6 | **뮤추얼 펀드의 장기 수익률**(1970~2016년)[9]

- 사라진 펀드
- 확실한 손실 펀드
- 아슬아슬한 손실 펀드
- 시장 평균을 기록한 펀드
- 아슬아슬한 수익 펀드
- 확실한 수익 펀드

[그림 2-6]은 그가 전수조사한 결과이다. 첫 번째로 주목할 점은 전체 펀드 중 80%나 되는 281개의 펀드가 이미 사라졌다는 것이다. 펀드가 왜 사라졌을까? 성적이 좋지 않았기 때문이다. 수익률이 잘 나온다면 굳이 펀드를 폐쇄할 이유가 없다. '나는 운이 좋으니까 내가 고르는 펀드는 폐쇄되지 않을 거야'라고 생각하는 것은 '나는 운이 좋으니까 다음 주에 로또에 당첨될 수 있을 거야'라는 생각과 크게 다르지 않다. 전체 355개 펀드 중에 확실한 수익을 낸 펀드는 단 2개이며 그 펀드를 고를 확률은 0.5%에 불과하다. 백번 양보해서 운이 좋아서 '확실한 수익 펀드' 그룹에 있는 2개의 펀드를 샀더라도 미처 생각하지 못한 문제가 있다. 이 펀드에 초창기에 가입한 사람들만이 수익을 거두었다는 점이다. 소문이 나기 시작하고, 자금이 몰려서 펀드의 사이즈가 커진 이후

투자를 시작한 사람들은 높은 수익률을 거둘 수 없었다.

피터 린치Peter Lynch가 운용한 것으로 유명한 '확실한 수익 펀드' 중의 하나인 마젤란 펀드Magellan Fund의 장기 수익률과 S&P500의 수익률을 비교해보자. [그림 2-7]에 따르면, 1990년까지는 S&P500보다 우수한 성과를 기록하지만 1990년을 기점으로 S&P보다 낮은 수익률*을 보인다. 또 다른 '확실한 수익 펀드' 중의 하나인 콘트라 펀드Contra Fund에서도 똑같은 현상이 나타난다. [그림 2-8]에 따르면, 콘트라 펀드는 2010년 이

■ 그림 2-7 | 마젤란 펀드의 장기 수익률과 S&P500 비교(1970~2016년)

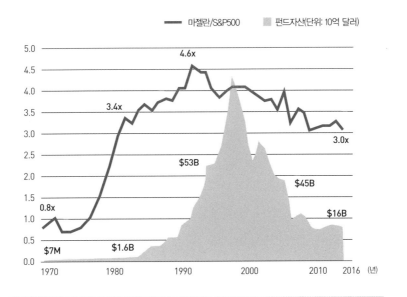

◆ 1990년대 초에는 4.6배까지 높은 상대수익률을 기록했으나 2010년대에는 그 차이가 3.0배 정도로 줄어든다. 1990년대 초에 투자를 시작한 사람들은 S&P500 대비 고작 65%의 누적수익률을 거두었다는 의미이다.

후 자금이 본격적으로 몰리면서 S&P500보다 낮은 수익률을 기록하게 되었다.

■ 그림 2-8 │ 피델리티 콘트라 펀드: 장기 수익률 대 S&P500(1970~2016년)

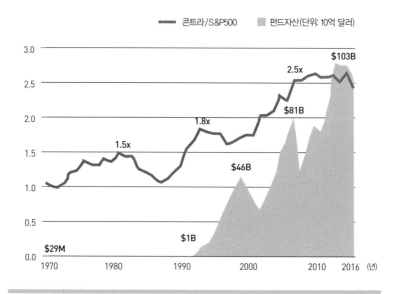

확실한 수익 펀드인 마젤란 펀드에 투자한 사람들조차 절반 정도만 수익을 거두었다고 한다. 어째서일까? 많은 개인투자자가 펀드의 수익률이 높을 때 들어갔다가 펀드의 수익률이 떨어졌을 때 돈을 회수했기 때문이다. 이렇게 개인투자자의 투자 결정은 수익률과는 어긋나는 판단을 내릴 때가 많다. 개인투자자들은 펀드매니저가 투자하는 방식을 완전히 이해하지 못했고, 가격이 떨어질 때마다 큰 불안감을 느껴 펀드를 매도했을 것이다.

단테의 도움말

S&P500 지수

뉴욕 증권거래소와 나스닥에 상장된 주식 중 500대 대기업의 시가총액 가중으로 만들어진 주가지수로, 세계 3대 신용평가기관 중 하나인 스탠더드앤드푸어스(Standard&Poor's)에서 발표해 S&P라는 이름이 붙었다. 미국 주식시장 시가총액의 약 70~80%를 차지하고 있다. 미국에서 가장 많이 인용되는 지수이다. 한국에서는 한국 주식시장에 상장된 200대 대기업의 시가총액 가중으로 만들어진 지수인 코스피200 지수가 있다.

심리를 알아야
투자에 이긴다

투자에서는 심리가 아주 중요하다. 좋은 대학을 나오고 공부를 열심히 하는 사람들도 번번이 투자에 실패하는 이유가 그들의 심리가 튼튼하지 못하기 때문이다. 아무리 깊은 지식을 가지고 있어도 건강하지 못한 심리로는 제대로 투자할 수 없다. 심리에 대한 설명들을 너무 많이 봐서 지겹다면 이 부분은 건너뛰어도 된다. 그러나 필자는 심리의 중요성을 무시하는 사람들이 나중에 큰 손해를 보는 것을 경험적으로 관찰했다.

당신은 평균 이상의 투자자인가?

조너선 버튼Jonathan Burton은 그의 책 《투자의 거인Investment Titan》[10]에서 재미있는 설문조사 결과를 발표했다. 그는 독자들을 초청해서 다음과 같은 두 질문을 했다.

1) 당신은 평균보다 타인과 잘 어울리는가?
2) 당신은 평균보다 운전을 잘하는가?

각 질문에 대해 90% 이상의 사람들이 '예'라는 대답을 했다. 산술적으로 90% 이상의 사람이 평균보다 더 잘할 수 없으니 자기 자신의 능력을 과신하는 사람이 40%나 된다는 의미이다. 물론, 자신의 능력에 대해 자신감을 갖는 것은 정신 건강에 좋다. 하지만 투자에서는 좋지 않은 자세이다. 왜 그럴까? 지나친 자신감은 과도한 리스크를 추구하게 만들기 때문이다. 한 번이라도 미끄러지면 돌이킬 수 없는 손실을 보게 된다.

많은 사람이 투자를 쉽다고 여긴다. 인터넷 커뮤니티에서는 '연 100% 수익률을 내는 것은 쉬운 일이다'라는 얘기가 종종 오간다. 그리고 이런 말을 하는 사람들에게는 투자 경력이 짧다는 공통점이 있다. 보통 몇 개월이 안 되는 경우가 대부분이다. 몇 달간 월 10~20% 수익을 냈으니 연 100% 수익이 가능하다는 논리다.

더닝과 크루거의 연구에 따르면 무능한 사람들은 자신이 얼마나 무능한지조차 파악하지 못한다. 정확히 말하면 그들은 자신의 실력을 지나치게 과대평가하고 있다. 투자의 세계에서도 이런 일은 흔하다. 필자도 트레이딩을 처음 접했을 때 수익을 내는 게 쉽다고 생각했던 때가 있었다. 한국증시에 상장된 주식들의 과거 데이터를 모두 수집하여 이를 기반으로 과거부터 지금까지 동일한 방식으로 투자하면 어떻게 될까 궁금하여 백테스트를 해봤다. 연평균 150%가 넘는 수익이 나는 결과가 나왔을 때를 아직 기억한다. 처음에 그 수치를 보자마자 가진 모든 돈을 그 전략에 넣어야겠다는 생각을 했다. 다행히 그렇게 할 만큼 정신이 나가지는 않았던 터라 적당한 금액으로 운용을 시작했다. 며칠 동안은 수익을 봤다. 그런데 미국장이 급락하면서 계좌에도 큰 손실이 났다. 이때부터 뭔가 잘못됐음을 느끼기 시작했다. 다행히 손실에 비례해서 운용금액을 조금씩 줄이기 시작했고, 연평균 150% 전략은 폐기되었다. 이런 사례에서도 알 수 있듯이 백테스트를 절대적으로 신뢰하는 것은 곤란하다. 반드시 그 백테스트에 어떤 논리가 들어가 있는지 생각하고 실행에 옮겨야 한다. 통계적으로 볼 때 자산가격의 시계열 데이터의 샘플 수는 아주 적다. 또한 과거의 시장참여자와 오늘날의 시장참여자는 완전히 다른 사람임을 기억해야 한다.

투자를 하면 할수록 투자가 어렵다는 것을 절감하게 된다. 개별주에 투자해서 꾸준한 수익률을 거두는 것은 예술의 영역이다. 연 150%의 수익이 아니라 연 15%의 수익을 거두기도 어렵다. 1장에서 미국 뮤추얼 펀드들의 수익률을 살펴봤지만, 프로들도 개인투자자와 크게 다르지 않다. 우리의 자금은 소중하기에 수익을 더 잘 내는 것보다 잃지 않는 것에 집중해야 한다. 혹시 자신이 투자에 자신감이 넘치는 것 같으면 투자 경력이 최소 2년이 넘는지 생각해보자. 투자해본 경험이 얼마 없는데 자신감이 넘친다면 분명히 위험신호이다.

왜 이렇게 조급한가?

얼마 전에 네이버 카페에서 아래와 같은 글을 발견했다.

> 저를 매수하여 주십시오.
> 매수가 3억 3천만 원
> 배당 15년 치 월급
> 결혼 후 흙수저가 일어서는 방법은 주식밖에 없다고 생각하였고, 가진 모든 돈과 대출로 투자를 하였으나 작년 처음 맛본 하락장에 감당하지 못할 빚이 생겼음.
> (중략)
> 제가 너무 한심하지만, 방법만 있다면 제 몸을 불살라서라도 해보고 싶습니다.

레버리지로 주식투자를 하다가 큰 빚을 지게 된 어떤 개인투자자의 글이었다. 이런 글은 투자 커뮤니티에 단골로 등장하는 주제 중 하나다. 이런 글들을 보며, 어떻게 나의 투자에 적용할지 고민을 해보자. 이들에게는 어떤 문제가 있었을까? 이 문제의 중심에는 '조급함'이 있다.

조급함은, 말하자면 '아주 빠른 속도로 부자가 되고 싶다는 욕망'이다. 하지만 그런 지름길은 없다. 어째서 그럴까? 투자라는 행위를 다른 일에 비유하면 바로 이해가 갈 것이다.

- 아주 빠른 속도로 요리를 배워서 5성급 호텔 주방장이 될 수 있을까?
- 아주 빠른 속도로 의술을 배워서 외과수술을 할 수 있을까?
- 아주 빠른 속도로 컴퓨터 언어를 배워서 운영체제를 만들 수 있을까?
- 아주 빠른 속도로 축구를 배워서 프로선수가 될 수 있을까?

= 아주 빠른 속도로 투자를 해서 부자가 될 수 있을까?

하지만 어떤 근거도 없이 왠지 나는 될 수 있을 거라고 생각하는 사람이 많다. 그 때문에 마음이 조급해지고 그 조급함은 다음과 같은 행동으로 이어지게 된다.

■ 극단적인 자금관리에 빠진다

이런 식으로 생각해보면 어떨까? 투자를 한 번도 안 해본 A라는 사람과 투자를 10년이나 한 B라는 사람이 있다. 여러분은 어떤 사람에게 돈을 맡기고 싶은가? B에게 맡기지 않을까? 그렇게 답했다면 여러분은 보수적으로 자금을 운용해야 한다. '현재의 나'는 '10년 뒤의 나'보다는 나쁜 투자자일 가능성이 크기 때문이다.

극단적인 자금관리의 대표적인 예는 단기 트레이딩을 할 때 레버리지, 즉 증권사에서 제공하는 주식담보대출이나 스톡론을 이용하는 것이다. 저금리 시대인데도 주식담보대출의 이율은 7~8%나 된다. 레버리지를 쓴 투자자가 본전을 찾기 위해서는 연 7~8%의 초과수익을 거둬야 한다는 얘기다. 하지만 연 7~8%의 수익을 안정적으로 거두기는 쉽지 않다. 만약 첫해에 레버리지를 사용해 높은 수익을 거뒀으면 그 사람은 레버리지를 또 쓸 것이다. 한번 그 맛을 봤으니 잊을 수가 없는 것이다. 그러나 레버리지를 쓰면 99%의 상황에서 수익을 내다가도 딱 한 번 실패하면 그때의 손해액이 감당할 수 없는 수준이 된다. 게다가 레버리지를 사용해 투자하면 건전한 정신으로 판단을 할 수 없게 된다. 좋은 기회가 올 때까지 기다릴 수 없고, 감정에 더욱 휘둘리는 결정을 내리게 된다. 감정에 휘둘려서 결정을 내리다 보면 99%의 투자자가 내리는 결정을 똑같이 하게 될 것이고, 이는 결국 손실로 이어질 것이다. 모든 레버리지가 위험하지는 않다. 자신이 감당 가능한 범위 내에서 실거주 목적의 부동산을 담보대출로 받는 것은 건전한 행위라고 생각한다. 위에서 얘기한 불건전한 레버리지를 이용하는 투자는 자신이 감당할 수 없는 높은 수준의 레버리지를 이용하는 것을 말한다. 실거주 목적의 부동산 투자와는 구분되어야 한다.

결론적으로 이러한 조급함이 생길 때마다 본능과는 반대로 행동해야 한다. 자금관리는 반드시 보수적으로 해야 한다. 특히 투자 경험이 얼마 되지 않았다면 가장 보수적인 투자를 시도해야 한다. 개별주보다는 인덱스 투자가 좋고, 인덱스 투자보다는 다양한 자산군에 투자하는 자산 배분이 가장 무난하다. 올웨더의 철학에 대해 이해하기 힘들다면, 많은 자산 배분 투자자들이 가장 무난한 방법으로 손꼽고 있는 60/40 전략*으로 투자해도 장기적으로 훌륭한 수익률을 거둘 것이다.

■ 공부하기 싫다

많은 투자자가 공부의 중요성에 대해서 절감하면서도 공부하는 것

을 귀찮아한다. 공부를 많이 하지 않은 사람들의 질문은 대개 아래와
같다.

"그래서 무슨 종목을 사라고요?"
혹은
"그래서 검색식이 무엇입니까?"

나는 WHAT보다는 WHY가 100배는 더 중요하다고 생각한다. '이
투자를 왜 하는지'에 대한 깊은 고민 속에서 진짜 투자가 시작된다. 그
런데 이렇게 말하는 분들이 많다.
"너무 재미없고, 공부하기 싫어요. 그냥 빨리 돈 벌고 싶어요."

사람에게는 저마다 맞는 길이 있다. 사업이 적성에 맞는 사람은 창
업을 하고, 임장이 즐거운 사람은 부동산 투자를 하는 것이 좋다. 그 외
에 다른 형태로도 자산을 쌓아나가는 방법들이 무수히 많다. 자신에
게 맞는 일을 하는 것이 좋지 굳이 재미를 느끼지 못하는 투자를 억지
로 공부해봤자 성적이 좋을 수 없다. 재미가 없고 빨리 결과를 내고 싶
은 사람은 남들의 전략이나 종목을 무작정 따라 하게 된다. 전략의 기
본 이론을 정확히 모르는 상황에서 무작정 따라 하는 행위는 껍데기에
불과하다. 전략을 완전히 이해하지 못하면, 이 전략을 언제 그만두어

◆　60/40 전략: 전 세계 주식에 60%, 전 세계 채권에 40%의 자금을 할당해서 하는 자산 배분 투자이다. 4장에
　서 자세히 설명할 예정이다.

야 할지 판단할 수조차 없다. 물론, 모방은 창조의 어머니이고 좋은 출발점이니 모방 자체를 부정하지는 않는다. 따라 하더라도 먼저 원리를 이해하는 것이 중요하다.

■ 매일 가격의 등락에 희비가 교차한다

장중에 주식 게시판이나 주식 카톡방을 보면 많은 사람이 그날 자신이 투자한 주식들이나 각종 경제 뉴스들(주로 충격적인 뉴스)을 중계한다. 그리고 가격이 오르면 환호하고 떨어지면 슬퍼한다. 그것이 매일 반복된다. 필자도 처음에는 그랬다. 매일 HTS에 보이는 숫자에 따라 희비가 오갔다. 그 일을 1년을 넘게 하니 어느 날 왜 이렇게 해야 하나라는 회의감이 들기 시작했고, 그날그날의 가격에 집중하기보다는 그 시간에 논문이나 책을 하나 더 보거나 데이터를 분석하는 데에 시간을 들이기 시작했다. 그 이후부터 투자에 안정이 찾아왔다.

매일의 가격에 신경 쓰게 되면 스트레스가 엄청나다. 노벨상을 받은 전망이론에 따르면, 300만 원의 수익으로 인한 기쁨은 100만 원을 잃었을 때 느끼는 고통과 비슷하다고 한다. 다시 말해 우리가 매일매일 가격에 집중하면, 장기적으로 스트레스가 축적된다는 것이다. 또한, 주식가격을 자주 보는 사람들의 수익률이 더 떨어진다는 연구결과도 있다.

투자자들의 필독서: 생각에 관한 생각

나 역시 손실을 볼 때마다 그 고통이 특히 컸는데, 그런 경험을 할 때마다 근본적인 의문이 생겼다. "왜 나는 이렇게 반응할까? 이런 반응은 투자에 도움이 될까?"

지피지기면 백전백승이라는 말이 있다. 적(시장)에 대해선 공부를 했지만, 나 자신에 대한 공부는 많이 부족했다. 나 그리고 인간이라는 종이 생각하는 방법에 대한 기본적인 이해를 하고 싶었다. 《생각에 관한 생각》[11]은 행동경제학으로 노벨상을 받은 대니얼 카너먼 교수의 60년 연구를 집대성한 책이다. 저자는 인간이 얼마나 비합리적으로 행동하는지 연구했다. 다양한 사례와 실험이 그의 주장을 뒷받침하고 있다. 투자에 적용 가능한 내용이 많아 일독을 강력히 추천한다. 이 책에서는 인간에게 두 가지 사고 시스템이 있다고 주장한다.

> 시스템1 : 자동적으로 빠르게 작동하는 사고 시스템
> 시스템2 : 복잡한 계산을 포함해서 집중과 노력을 통해 작동하는 사고 시스템

시스템1은 수렵채집 시대에 인간의 생존을 위해 만들어진 시스템이다. 물건이 날아오면 몸을 피하고, 소리가 나면 그쪽에 시선을 보내는 행위들이 시스템1을 통한 행동이다. 다른 동물들도 공유하고 있는 시스템이다. 그에 반해 시스템2는 인간만이 가지고 있는 시스템이다. 인지 혁명 이후 모든 동물 중 인간에게만 생긴 시스템이다. 인간이 살아가면서 생기는 심리적인 문제 대부분은 인간의 하드웨어가 약 60만 년 전의 수렵채집 시대와 크게 다르지 않다는 데에서 온다. 우리의 하드웨어는 수렵채집에 맞춰 진화되어왔는데 60만 년 동안 세상이 너무 빨

리 변하는 바람에 더 이상 그렇게 할 필요가 없어졌다. 비극은 여기서 시작된다. 인간은 동물과 다르게 깊은 사고를 주로 한다고 생각하지만, 시스템1로 사고하는 경우가 훨씬 많다.

■ 시스템1과 시스템2를 투자에 비유하기

이 사고 시스템을 투자에 비유해보자. 여러분이 계좌잔고를 보는 순간 시스템1이 작동한다. 그리고 장중에 보유 종목의 호가창을 보는 것도 시스템1을 소환한다. 무언가를 보자마자 즉각적으로 어떤 생각이 든다면 그것이 시스템1이다. 시스템2는 게으르기 때문에 쉽사리 소환되지 않는다. 여러분이 논문을 읽거나 각종 데이터를 모아서 백테스트를 하려고 코딩을 할 때 혹은 백테스트를 통해 나온 결과 등을 종합적으로 분석할 때에야 비로소 시스템2가 활성화된다.

필자도 예외가 아니다. 단기 트레이딩은 특히나 매일매일의 이득과 손실이 확정되기에 시스템1의 존재를 매번 느끼게 된다. 수익이 나면 기분이 좋다가도 반대로 손해가 나면 너무 가슴이 아프다.

우리는 판단을 내릴 때 즉각적으로 드는 생각을 경계해야 한다. 흥분해서 매수나 매도 버튼을 누르기 전에 어떤 기준에서 매수·매도하는지를 문장으로 쓸 수 있어야 한다. 종합적인 사고를 거친 뒤 결론을 내려서 시스템2가 작동하도록 해야만 잘못된 판단을 할 가능성이 조금이라도 줄어든다.

■ 우리는 왜 그토록 시황에 집착하는 것일까?

투자자들은 시황을 많이 참고한다. 매일 아침 나오는 경제 뉴스, 시황 등을 듣다 보면 왠지 나도 경제를 더 많이 알게 된 것 같은 느낌이 든다. 하지만 시황은 대개 투자에 도움이 되지 않는다.

나심 탈레브의 《블랙스완》에 시황에 대한 에피소드가 나온다.

탈레브는 사담 후세인이 이라크의 은신처에서 생포된 날 안전자산인 채권의 가격이 상승했다고 설명한다. 투자자들은 그날 오전에 분명 안전자산을 추구하고 있었고, 블룸버그 통신은 '미국 국채 강세: 후세인 생포 불구 테러리즘 억제 못할 것이란 기대감 반영'이라는 제목의 기사를 내보냈다. 그러나 30분 후 채권가격은 하락했고, 위 기사는 이렇게 수정되어 나왔다. '미국 국채 약세: 후세인 생포로 위험자산 투자 매력 확대'.

이렇듯 시황은 이미 지난 사건에 후행적으로 정해지는 경우가 많다. 그러므로 많은 경우 시황을 듣는 것은 투자에 도움이 되지 않는다. 이 말이 믿기지 않는다면, 과거(6개월~1년)의 시황을 찾아서 들어보자. 당시의 시황이 지금 여러분의 투자에 긍정적인 영향을 미쳤는가? 아마도 아닐 것이다. 그렇다면, 왜 우리는 이렇게 도움이 되지 않는 시황에 집착하는 것일까? 그 의문을 대니얼 카너먼 교수는 《생각에 관한 생각》에서 '인지적 편안함'이라는 표현으로 명쾌하게 설명하고 있다.

시황을 들으면 우리는 심리적인 안정을 찾게 된다. 이것은 시스템1이 파편적인 지식을 이어붙여야 인지적으로 편안하기 때문이다. 다시 말해, 우리는 항상 사건들의 인과관계를 알고 싶은 본능이 있다. 이런 욕구를 충족시켜주는 것이 시황이다. 시간은 우리의 가장 소중한 자원 중의 하나이다. 하고 싶은 것보다는 도움이 되는 것에 현명하게 소비할 필요가 있다.

핵심 정리

- 금융전문가들의 얘기를 따르더라도 돈을 벌기는 아주 어렵다.
- 그렇다고 개인이 직접 주식투자를 해도 돈을 벌기는 어렵다.
- 뮤추얼 펀드에 투자를 해도 장기간 주가지수보다 높은 성과를 거두기는 사실상 불가능하다.
- 많은 사람은 자신의 능력을 과대평가하여 시장수익률 이상 거두는 것을 어렵지 않다고 여긴다.
- 생존을 위해 도움이 됐던 인간의 심리가 투자에는 큰 방해가 된다.

ALL WEATHER

PORT

3장

투자의 미슐랭으로 가기 위한 기초

A L L
WEATHER
PORTFOLIO

수익률에 대한
현실적인 눈높이 만들기

올웨더 포트폴리오에 대한 설명을 기대하고 책을 펼쳤던 독자들에게는 미안하지만, 투자에 대한 얘기를 더 해야 할 것 같다. 투자를 오래 했고 경험이 풍부하다고 자신한다면 4장으로 바로 넘어가도 좋다. 하지만 투자를 시작한 지 얼마 되지 않았다면 이 장을 꼭 읽어야 한다. 3장에서는 투자에서 장기적으로 수익을 거두는 것이 얼마나 어려운지에 대해 알아보고, 또 올웨더에서 이용하게 될 ETF에 대한 기초적인 내용을 설명할 예정이다.

목표 수익률은 몇 퍼센트인가?

직접투자하는 사람들에게 목표 수익률을 물으면 대부분이 연평균 20~30%의 수익률을 말한다. 세계적으로 가장 성공한 펀드 중 하나인 피터 린치의 마젤란 펀드 수익률이 13년간 29%였다. 워런 버핏은 어떨까? 50년 동안 21.6%였다. 버핏의 파트너십 시절은 제외된 수익률인데, 이 시절까지 포함하면 더 높을 것이다. 투자의 귀재도 아닌 우리가 그들만큼의 수익률을 장기적으로 올릴 수 있을까? 20% 이상의 연 수익률을 목표로 한다는 것은 지나친 욕심이 아닐까?

브리지워터의 수익률

헤지펀드로 눈을 돌려보자. 세계에서 가장 성공한 헤지펀드인 브리

■ 표 3-1 | 브리지워터 퓨어알파 펀드 수익률(수수료 적용 후)

년도	수익률	년도	수익률
1991	7.6%	2004	30.4%
1992	5.1%	2005	3.1%
1993	36.8%	2006	1.7%
1994	−3.1%	2007	12.6%
1995	−5.7%	2008	13.5%
1996	36.6%	2009	1.2%
1997	28.2%	2010	52.8%
1998	37.8%	2011	29.7%
1999	0.1%	2012	1.9%
2000	−7.9%	2013	5.5%
2001	6.9%	2014	5.4%
2002	22.1%	2015	7.1%
2003	33.8%	2016	2.4%

지워터의 수익률은 얼마일까?

1991년부터 2016년까지 26년 동안 퓨어알파 펀드의 수수료 적용 후 수익률이 연평균 11.9%이다. 수수료가 연 2% 정도 되니 약 14% 정도 벌었다고 할 수 있다. 세계적으로 가장 성공했던 헤지펀드의 수익률은 14%인 것이 현실이다. 연 복리로 10% 이상을 번다는 것은 매우 어려운 일이다.

브리지워터의 또 다른 펀드이자 이 책에서 다루게 될 올웨더 펀드의 수익률은 아래와 같다.

■ 표 3-2 | 브리지워터의 올웨더 펀드 수익률(수수료 적용 후)

년도	수익률	년도	수익률
1996	20.4%	2007	11.8%
1997	15.0%	2008	−20.2%
1998	−1.8%	2009	9.4%
1999	15.6%	2010	17.6%
2000	9.9%	2011	18.1%
2001	−6.0%	2012	14.7%
2002	10.2%	2013	−3.9%
2003	16.7%	2014	7.6%
2004	17.7%	2015	−6.8%
2005	15.5%	2016	10.0%
2006	1.2%	2017	11.9%

1996년부터 2017년까지 수익률이 연평균 7.8%인데, 수수료가 연 0.3~0.5% 정도이므로 약 8.2%의 수익을 거둔 것이다. 겨우 연 8%밖에 안 되느냐고 되물을 수 있다. 하지만, 연 8%를 꾸준히 10년을 낼 수 있

는 펀드의 성적은 상위 10% 안에 들어간다.

연평균 수익률 8%를 우습게 봐서는 안된다

복리로 9년 동안 연 8%의 수익률을 꾸준히 낼 수 있다면, 전체 투자
금이 2배가 된다. 이것을 72의 법칙이라고 한다. 복리로 꾸준히 목표
수익률을 낼 수 있을 때 투자금이 2배가 될 때까지 얼마나 걸리는지 간
단히 계산하는 법칙*이다. 우리는 막연히 서울의 아파트가 아주 많이
올랐다고 알고 있다. 그래서 많은 사람이 부동산 투자를 하지 않은 것
을 후회한다. 정말 그럴까? 데이터를 확인해보자. KB시세 기준**으로
2006년부터 2019년까지의 수익률을 구해보면 연평균 5.5%가 나온다.
물론 순수한 시세 데이터이므로 추가수익***과 세금 같은 비용****은
제외되었다. 연평균 5.5%는 작게 느껴질 수 있다. 하지만 장기간 연평
균 5.5%를 유지한다면 높은 누적수익률로 이어진다. 서울의 부동산을
장기간 소유했던 사람들 역시 그런 수익을 온전히 누릴 수 있었다.

■ 개인의 투자수익률은 어땠을까?

개인투자자의 수익률과 관련해 주목할만한 연구는 한국재무관리

◆　　　72로 나누면 된다. 연평균 5%를 복리로 투자한다면, 투자금이 2배가 될 때까지 14.4년이 필요하다
　　　　(72/5=14.4)
◆◆　　https://onland.kbstar.com/ → 뉴스/자료실 → 월간 KB 주택가격 동향 참고
◆◆◆　전·월세 수입이나 주거를 해결함으로써 생기는 이득
◆◆◆◆ 아파트를 옮길 때마다 발생하는 세금과 각종 이사 비용

학회에 2005년*에 올라온 변영훈 교수의 연구 〈개인투자자의 주식투자성과 분석〉이다. 변영훈 교수는 1998년부터 2003년까지 6년 동안 개인투자자의 수익률을 연구하였는데, 대형 증권사에서 제공받은 10,000개의 계좌를 전수조사한 것이니 어느 정도 통계적인 신뢰성이 있다. 계좌들을 다각도로 분석한 결과 개인투자자는 평균적으로 시장을 이기지 못한 사실이 드러났다. 또한 종목 선택이나 타이밍에 대한 능력이 있는지 연구하였으나 양쪽에 대한 능력이 모두 없는 것으로 드러났다. 또한 시장 대비 우월한 투자 성과를 보이는 개인이 존재하는 것은 확인되었으나 그들의 실적이 다음 해에도 지속되는 비율은 매우 낮았으며 수익이 안 좋은 투자자는 계속해서 수익이 끔찍한 수준에 머물렀다.

선물시장도 크게 다르진 않다. 2019년 11월 발표된 샤그Chague의 연구[12]에 따르면, 브라질 선물시장에서 데이트레이딩을 하는 개인 중 97%가 돈을 벌지 못하는 것으로 드러났다. 하루에 6만 원 이상을 버는 사람은 시장참여자 중 상위 0.4%에 불과했다. 그마저도 매일 손익이 들쭉날쭉했다. 많은 사람이 데이트레이더가 되는 꿈을 꾸지만, 그것을 해낼 수 있는 사람은 상위 0.4%도 되지 않는다는 의미이다. 심지어 그들이 버는 돈조차 월급생활자의 수익에 비하면 턱없이 부족하다.

◆ 다소 오래된 자료이지만, 우리나라에 개인투자자의 계좌를 직접 연구한 논문이 몇 개 없었다.

■ 뮤추얼 펀드의 투자수익률

존 보글이 1970년부터 2016년까지 존재했던 모든 뮤추얼 펀드를 조사한 결과[13] 미국 S&P500보다 높은 수익률을 거둔 펀드는 0.5%에 불과했다. 동기간 미국 S&P500의 수익률이 연평균 10%이니 연평균 10%를 40년 동안 냈다면 금융전문가 중에서도 상위 1%의 성적을 거두었다고 할 수 있다.

21세기 최고의 투자상품 ETF

이 책에서 제안하는 포트폴리오는 100% ETF 상품으로 구성되어있다. 그러므로 올웨더 포트폴리오에 관심 있다면 ETF에 대한 기본적인 이해가 필요하다.

 단테의 도움말

ETF란?
Exchange Traded Fund의 약자로 특정 자산의 가격에 수익률이 연동되게 하는 펀드다. 주식시장에 상장되어 있어 증권계좌만 있으면 일반인도 주식을 매매하듯 손쉽게 매매할 수 있다. 한국주식의 시장수익률을 추구하고 싶다면, KODEX 200이나 TIGER 200 ETF에 투자하면 된다. 장기투자를 생각한다면 배당 재투자가 되는* KODEX MSCI Korea TR 같은 ETF도 좋다.

◆   ETF 투자에서도 배당이 발생하면 배당소득세를 15.4% 내야 한다. 그런데 TR(Total Return) ETF에 투자하면 재투자되므로 15.4%가 면제된다. 미국에는 아쉽게도 비배당 ETF가 없다.

ETF는 어디에 투자하는가?

ETF를 통해 투자할 수 있는 상품은 주식, 채권, 원자재, 환, 부동산 REITs 등 오늘날 투자 가능한 투자상품이 총망라되어있다. 주식을 주식 시장에서 손쉽게 살 수 있는데 왜 굳이 ETF로 주식을 사야 하는가에 대한 의문이 들 수 있다. 일반적으로 ETF를 통해서 주식을 매수하는 경우에는 '어떤 공통점을 가진' 주식의 묶음을 매수하는 경우가 일반적이다. 대표적인 한국의 주식 ETF로는 KODEX 200이 있는데, 이 ETF는 한국 코스피에 상장된 주식 200개를 시가총액 가중비율로 투자한다. 투자자는 30,000원 정도의 비용으로 코스피에 상장된 200개의 주식을 한번에 손쉽게 살 수 있다. 각각의 ETF가 어떤 규칙으로 매수하고 매도하는지는 매우 다르기 때문에, 관심 있는 ETF의 투자보고서를 직접 읽어보는 것을 추천한다.

 단테의 도움말

ETF 상장 폐지

많은 투자자가 걱정하는 것 중의 하나가 ETF가 상장 폐지되는 것이다. 거래소가 요구하는 조건들을 만족시키지 못하는 경우 혹은 운용사가 자의로 상장 폐지하기도 한다. 투자자들은 이런 상황에 대해 걱정할 필요가 없다. ETF가 상장 폐지되면, 운용사는 수탁은행에 맡겨뒀던 자산을 고스란히 매각해서 현금화한 뒤 상장 폐지 시점의 순 자산 가치(NAV)대로 계산해 투자자에게 지급하기 때문이다.

한국상장 ETF vs. 미국상장 ETF

한국의 투자자는 한국상장 ETF 혹은 미국상장 ETF에 직접 투자할 수 있다. 나는 미국상장 ETF로 투자를 할 것을 권유한다.

■ 미국상장 ETF는 다양한 상품이 존재한다

앞으로 책에서 설명할 올웨더 포트폴리오에는 물가연동채나 신흥
국 채권 등이 포함되는데, 한국증시에 상장된 ETF 중에는 그런 상품이
없다. 투자를 할 때 유니버스*를 선택하는 것은 수익률에 많은 영향을
미치므로 높은 자유도를 얻기 위해서라도 미국상장 ETF 투자가 좋다.

■ 미국상장 ETF의 세금이 더 저렴하다

■ 표 3-3 | ETF 세금 비교

	한국상장 ETF		미국상장 ETF
	한국주식형 ETF	기타 ETF	
ETF 예	KODEX 200 TIGER 코스닥 150	KODEX 선진국 MSCI World KODEX 골드선물H	SPY IEF VTI
세금	과세 없음	시세차익에 대해 15.4% 선취 손실 상계 불가	양도소득세(22%) 250만 원 기본공제 손실 상계 가능
금융종합과세 여부	해당 사항 없음	금융소득 2,000만 원 이상	해당 사항 없음

한국주식에만 투자하는 한국주식형 ETF는 세금 측면에서 분명히
이득이 있지만,** 아쉽게도 우리는 한국주식형 ETF에 투자할 이유가

◆　투자 대상이 되는 자산을 의미한다. 미국은 금융 투자의 역사가 오래되어 다양한 자산들에 투자하는 ETF가
　　있다. 2019년 기준 한국에는 421개의 ETF가, 미국에는 2,096개의 ETF가 상장되어 있다.
◆◆ 한국 주식형 ETF는 자본소득에 대해 비과세이다.

별로 없다. 왜냐하면 한국주식에 투자하는 것은 반도체 섹터 ETF에 투자하는 것과 마찬가지이기 때문이다. 시가총액에서 반도체 회사들이 큰 비율을 차지하고 있기 때문이다. 존 보글도 《모든 주식을 소유하라》[14]에서 한국에 대해 아래와 같이 언급했다.

> 반도체 산업에 대한 투자는 상식적으로 분산투자라고 볼 수 없으며, 한국 주식시장에 투자하는 것도 역시 분산투자로 볼 수 없다.

전 세계의 주식과 채권에 골고루 분산 투자하고자 한다면, 한국에 상장된 ETF중에서는 '기타 ETF'만*을 투자해야 한다. 한국에서는 매도하는 ETF가 수익이 났다면, 손실 상계 없이 수익금의 15.4%에 대해 세금이 부과된다. KODEX 선진국 MSCI World를 1,000만 원에 샀다가 1,100만 원에 매도했다면, 이익인 100만 원에 대해 15.4%인 15만4천 원을 세금으로 내야 한다. 손실 상계가 없으므로 다른 ETF에서 손해가 나더라도 세금이 줄지 않는다. 더군다나 이렇게 낸 세금이 한해에 2,000만 원이 넘으면 다른 소득과 합산해 종합소득세를 내야 한다. 그런 경우 소득 구간에 따라 세율이 46.2%까지 올라간다.

미국상장 ETF의 세법은 현실적이다. 250만 원까지의 수익에 대해 기본공제가 되므로 소액으로 운영하는 경우에는 세금을 낼 일이 없다. 투자금이 5,000만 원인 사람이 미국 ETF로 손실 상계 후 한해에 500만

◆　기타 ETF: 파생상품, 원자재, 채권, 해외주식 등으로 이루어진 ETF.

원을 벌었다고 하자. 500만 원에서 250만 원 공제 후 남는 250만 원에 대한 세금만 내면 된다. 양도소득세 세율은 약 22%이므로 55만 원을 내야 한다. 실효세율은 약 11%이다. 따라서 자산이 많아서 투자금이 큰 경우에는 미국 ETF에 투자하는 것이 유리하다. 미국주식으로 만들어진 이득은 양도소득세로 계산되므로 세율이 최대구간으로 가도 22%에 불과하다.

손실 상계가 되는 것과 안되는 것 또한 차이가 크다. A라는 ETF에서 500만 원 이득을 보고, B라는 ETF에서 500만 원 손해를 봤다고 하자. 한국상장 ETF에 투자했다면 수익에 대한 세금 77만 원을 내야 한다. 미국상장 ETF에 투자한 경우 세금을 낼 필요가 없다. 똑같은 투자 결과를 얻었음에도 불구하고 내야 하는 세금의 차이가 이렇게나 크다.

단테의 도움말

ETF 더 공부하기
한국 주식시장에 상장된 ETF에 대한 정보는 네이버 금융(https://finance.naver.com/sise/etf.nhn)에서 가장 쉽게 찾을 수 있다. 현재 거래되는 모든 ETF를 다양한 기준으로 검색하고 정보를 볼 수 있게 정리되어있다.

미국상장 ETF에 대한 정보는 Yahoo! Finance(https://finance.yahoo.com/)나 ETFDB(https://etfdb.com/) 그리고 각 ETF를 만드는 회사의 홈페이지에서 확인할 수 있다. 아래는 주요 회사들의 홈페이지 주소다.

- 뱅가드(https://investor.vanguard.com/etf)
- 블랙록(https://www.ishares.com/us)
- SPDR(https://www.ssga.com/us/en/individual/etfs)

한국상장 ETF 시장의 활성화를 위해서라도 세금 체계가 현실적으로 바뀌기를 바란다. 미국상장 ETF가 가진 명확한 장점 때문에 이 책에서는 앞으로 미국상장 ETF 위주로 설명할 예정이다.

■ 원화 기준 수익률은 변동성이 크다

미국상장 ETF에 투자하는 것이 장점만 있는 것은 아니다. 원화 기준으로 수익률을 측정하는 경우 그 변동성이 아주 극심하다는 문제가 있다. 이것은 달러/원 환율의 변동성이 크기 때문이다. 우리는 원화로 생활하기에 원화 기준 수익률에서 자유로울 수 없다. 하지만 달러로 투자한 자금은 위기에서 큰 힘을 발휘하는 장점도 분명 존재한다. 자세한 데이터는 '5장 백테스트'에서 다룰 예정이다.

핵 심 　 정 리

- 연평균 5% 이상을 꾸준히 거두기란 아주 어려운 일이다. 단기적으로는 가능할지 몰라도 대부분의 기관투자자조차 장기적으로 그런 수익률을 내지 못한다.
- ETF를 통해 개인투자자도 다양한 자산군에 투자할 수 있게 되었다.
- 다양한 상품을 취급하고 세금 면에서도 더 유리한 미국상장 ETF를 이용하는 것이 투자자에게 좋다.

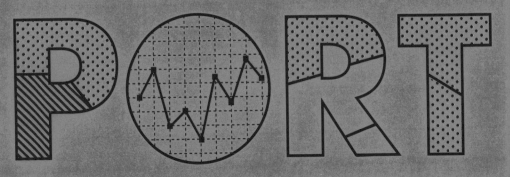

4장

올웨더 포트폴리오의 모든 것,
투자 자산과 비율

A L L

WEATHER

PORTFOLIO

이번 장에서는 올웨더 포트폴리오에 대해서 자세히 알아볼 예정이다. 많은 투자자가 잘 구분하지 못하는 알파 투자와 베타 투자의 정의와 차이점을 설명하는 것부터 시작할 것이다. 우리가 집중해야 할 것은 시장수익률을 추구하는 베타 투자이다. 이렇게 기대수익률과 위험 수준이 서로 다른 자산군들을 섞어 투자하는 것을 '자산 배분'이라고 하는데, 전통적으로 가장 유명한 자산 배분 전략인 60/40부터 레이 달리오가 추구하는 올웨더 포트폴리오까지 설명하려 한다.

돈을 버는 두 가지 방법:
알파와 베타

돈을 버는 방법은 여러 가지로 정의할 수 있지만, 브리지워터에서는 알파와 베타로 정의[15]하고 있다. 알파 투자는 시장 초과수익률을 추구하는 투자방법을 말한다. 일반적으로 우리가 하는 대부분의 투자는 알파를 추구한다. 반도체의 업황이 좋다고 판단하면 삼성전자를 매수하는 투자, 향후 경제 전망이 나빠 금리가 더 떨어진다 판단하여 채권을 매수하는 투자. 시장 상황을 보고 앞으로 어떨지 판단하여 타이밍을 조절하는 투자, 이런 투자가 시장 초과수익을 추구하는 투자방법이다. 알파 투자는 오를 것 같은 투자자산을 잘 고르는 능력과 적당한 타이밍에 매도하는 능력*이 필요하기에 난이도가 높다.

알파와 달리 철저히 시장수익률을 추구하는 투자를 베타 투자라고 한다. 만약 우리가 미국 주식시장에 베타 투자를 한다고 하면, 전체 시장을 통계적으로 샘플링하여 보유하면 된다. 미국 증시에서 마이크로소프트가 차지하는 비율은 2020년 2월 28일 기준 약 4%, 애플의 비율은 3.8% 정도 되기에 100만 원을 투자한다고 하면, 4만 원은 마이크로소프트를 사고, 애플은 약 3만 8천 원을 보유하면 된다. 이렇게 미국 주식시장에 상장된 모든 주식을 그 비율에 맞춰 매수할 수 있는데, 이렇게 매수해서 보유하는 경우 전체 미국 주식시장과 같은 수익률을 얻을

◆   마켓타이밍이라고도 한다.

수가 있다.

여기서 의문이 들 수 있다. 전체 시장이 커지는 데에만 베팅을 하는 것이 다른 투자자 대비 높은 수익을 거둘 수 있을까? 답은 '예'이다. 미국에서는 이미 뱅가드라는 회사가 미국 주식시장 전체를 추종하는 인덱스 펀드를 만들었다. 1976년부터 시작된 이 인덱스 펀드는 지금까지도 꾸준한 수익률을 거두며 성공적인 상품으로 평가*받고 있다. 이렇듯 베타 투자는 전체 시장을 똑같은 비율로만 보유하면 되므로 투자하기 아주 쉽다.

그렇다면 일반인은 알파와 베타 중에서 어떠한 투자를 추구해야 할까? 레이 달리오는 CNBC**와의 인터뷰에서 '일반 투자자는 알파를 추구해서는 안 된다. 브리지워터에서는 1,600명이나 되는 전문가가 그 알파를 추구하기 위해 노력하고 있는데, 어떻게 일반인이 장기적으로 이런 회사들과 경쟁하여 알파를 추구할 수 있겠는가?'라고 되묻기도 했다. 필자 역시 그의 생각에 동의한다. 인생은 짧고 해야 할 일들은 많은데, 개인이 알파를 추구하기란 지나치게 어려운 일이다. 심지어 우리의 시간을 모두 투자해서 알파를 추구하더라도 시장수익률만큼 수익을 내지 못하는 경우가 대부분이다.

◆　뱅가드의 인덱스 펀드는 1976년 8월부터 2020년 2월 28일까지 세금 제외 누적수익률 9,761%, 연평균 수익률 11%를 기록 중이다.

◆◆ Consumer News and Business Channel의 약자로 미국의 경제방송 채널이다.

자산 배분 투자란
무엇인가?

앞서 시장수익률을 추구하는 베타 투자에 관해 이야기했는데 시장
수익률이라고 해도 특정 국가의 주식 혹은 신흥국 채권 같은 자산을 골
라서 시장수익률을 추구하는 것은 다소 위험할 수 있다. 다양한 자산
군을 섞어 투자해야 하며 그러한 투자를 자산 배분 투자라고 한다. 올
웨더 전략은 자산 배분 투자 중 하나이다. 종목을 선정해 투자하는 방
식이 상향식◆ 방식이라면, 자산 배분에서는 하향식◆◆으로 접근한다.
포트폴리오를 구성할 때 어떤 자산군이 필요할지 고민하고, 그 자산군
을 적당한 비율◆◆◆로 정해서 투자한다. 자산 배분 투자방식은 아주 보
수적인 투자방식이며 이미 오랜 기간 검증되어온 전략이다. 세계에서
가장 큰 규모의 자금을 운용하는 곳은 연금·국부펀드들이다. 이들이
투자할 때 가장 중요하게 생각하는 부분 중 하나는 자산 배분 비율이
다. 주식에 몇 퍼센트, 채권에 몇 퍼센트, 그 외 대체 자산에 몇 퍼센트
를 배분하는지 그들의 보고서[16][17]에 상세하게 기록하고 있다. 세계에
서 가장 안전하게 자금을 운용하고, 가장 고민하는 집단이 채택하는 방
식이라면 우리도 한번 검토해볼 필요가 있지 않을까?

◆　　　Bottom-up
◆◆　　Top-down
◆◆◆　어떤 비율로 투자할지는 투자자의 성향에 따라 다르다. 전통적으로 가장 많이 배분하는 비율은 주식 60%,
　　　 채권 40%이다.

자산군의 기대 수익률과 리스크

이제 자산 배분 투자의 기본이 되는 다양한 자산군들에 대해 알아보자. 자산군은 장기적으로 현금보다 더 수익이 난다. 왜 그럴까? 근본적으로 두 가지 이유가 있다. 첫 번째는 자본주의 시스템과 직결되어 있다. 중앙은행은 현금을 시장에 공급한다. 경제 주체는 그 현금을 빌려 투자하고, 그로 인해 더 많은 수익을 얻어내 부채를 갚는다. 그들이 빌린 현금보다 높은 수익을 낼 수 없다면 자본주의 시스템은 성립할 수 없다. 두 번째는 투자자들이 리스크*에 대한 보상을 얻고 싶어 하기 때문이다. 특정 자산을 매수하면 현금이 갖는 유동성을 포기하고 그 자산군이 갖고 있는 리스크에 노출된다. 리스크에 노출된 투자자들은 그에 합당한 보상을 받고 싶어 한다. 만약 보상을 얻을 수 없다면 그 누구도 해당 자산에 투자하려고 하지 않을 것이다. 우리가 투자 가능한 자산군들의 기대 수익률과 리스크를 살펴보자.

[그림 4-1]에는 다양한 자산군들의 기대 수익률과 기대 리스크가 나와 있다. 미국주식은 약 8%의 기대 수익률과 17%의 기대 리스크를 갖고 있다. 벤처캐피털의 기대 리스크는 30%나 되지만, 그만큼 기대 수익률도 10%나 된다. 30년 만기 미국 국채의 리스크는 13%, 기대 수익률은 약 6% 내외이다. 그 외에 물가연동채TIPS, 하이일드 채권, 미국주식 등 다양한 자산군들이 있고, 각각의 기대 수익률이 다르다. [그림 4-1]을 자세히 보면, 기대 리스크가 높을수록 기대 수익률도 비례하여

◆   특정 기간 내(일간, 월간) 가격의 변동성을 리스크로 정의한다.

높다. 좀 더 어려운 말로 이것을 '샤프 지수Sharpe Ratio가 비슷하다'고도
한다. 단기적으로는 특정 자산의 샤프 지수가 더 높을 수 있지만, 장기
적으로는 이런 상황이 유지되기는 어렵다. 예를 들어 미국 단기채권과
신흥국 주식이 모두 연 7% 수익이 날것으로 예상된다고 하면, 모두가
리스크가 낮은 미국 단기채권을 사려고 달려들 것이고, 신흥국 주식은
매도하려고 할 것이다. 따라서 미국 단기채권의 가격은 올라가고, 신
흥국 주식의 가격은 내려가게 되어 다시 샤프 지수가 비슷해지는 평형
상태Equilibrium로 돌아가게 될 것이다.

■ **그림 4-1 | 각 자산군의 기대 수익률과 리스크**[18]

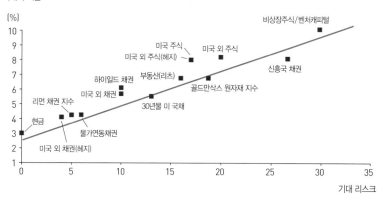

중앙은행과 기준금리

중앙은행은 금융경제의 컨트롤타워이자 통화정책을 관장하는 기관이다. 한국에서는 한국은행, 미국에서는 Federal Reserve System(연방준비제도, FRB, Fed, 연준 등으로 불린다)이 이에 해당된다. 중앙은행의 주요 목표로는 물가 안정, 고용 확대, 경제성장, 금융 안정 등이 있다. 이 목표를 이루기 위해 중앙은행은 기준금리 조정이나 지급준비율 조정 같은 통화정책을 시행한다. 일반은행도 우리처럼 예금하기도 하고, 대출을 받기도 한다. 예금, 대출을 위해 일반은행이 이용하는 기관이 중앙은행이다. 이때 적용하는 금리를 기준금리라고 한다. 이 금리가 의미가 있는 이유는 이 금리를 기준으로 다른 모든 채권의 금리가 연계되기 때문이다. 그러므로 중앙은행이 기준금리를 낮추면, 시중에 더 많은 돈이 풀린다. 반대로 중앙은행이 기준금리를 높이면, 시중에 돈이 돌지 않게 된다. 물론 이것은 다른 조건들이 동일할 때 그렇다. 경기가 악화되면 중앙은행은 경기를 부양하고자 금리를 인하하게 되는데, 금리가 아무리 낮아져도 은행이나 기업들이 경기가 너무 안 좋다고 판단하면, 대출을 받지 않아 시중에 여전히 돈이 돌지 않을 수도 있다.

어느 나라 주식에
투자해야 할까?

다양한 자산군들이 있지만, 주식부터 살펴보자. 위에서 언급한 시장 수익률을 추구하는 펀드를 인덱스 펀드라고 한다. 이 펀드는 전체 시장의 주식을 시가총액 가중으로 구성한 인덱스를 추종한다. 보유 종목의 비율이 전체 시장과 똑같다. 예를 들어, 미국 주식시장을 추종하려면, 펀드를 구성한 후 마이크로소프트를 투자금의 3.61%만* 담고,

애플을 2.96%만큼 담고, 아마존을 2.55%만큼 담으면 된다. 왜냐하면 전체 미국 주식시장에서 각 회사가 차지하는 비율이 3.61%, 2.96%, 2.55%이기 때문이다. 이런 방식으로 미국 주식시장에 있는 모든 종목을 각각의 종목이 차지하는 비율**에 맞추어 펀드에 담으면, 전체 시장이 성장한 만큼 펀드의 자금도 성장할 것이다. 투자자는 이후 아무것도 하지 않아도 시장수익률을 손쉽게 벌 수 있다. 아무것도 하지 않아도 되기 때문에 이런 펀드들을 '패시브 펀드'라고 부른다. 전통적인 펀드들은 '액티브 펀드'라고 부른다. 월스트리트에서는 이 인덱스 펀드 VFINX/Vanguard 500 Index Fund를 보글의 바보 같은 작품 Bogle's folly이라고 조롱하였으나 1976년 8월부터 2020년 2월 28일까지 세금을 제하고도 9,761%라는 경이적인 수익률을 보이며 역사상 가장 성공한 펀드 중 하나가 되었다.

그렇다면 인덱스 펀드가 좋은 것은 알겠는데, 어느 국가의 인덱스 펀드를 사는 게 좋을까? 이것은 그리 쉽게 대답할 수 있는 문제는 아니다. 미국이 세계 1위의 경제 대국이기에 미국주식이 들어가야 한다는 것을 부정할 사람은 없을 것이다. 다만, 미국만 넣어야 하는지 그 외 국가를 포함시켜야 하는지, 또 그 비율을 어떻게 하는지에 대해 투자자마다 의견이 나뉜다. 결론부터 말하자면 미국 외 국가도 넣어야 한다. 왜냐하면, 미국 외 국가들의 수익률이 미국주식보다 높았던 구간도 분명히 존재하기 때문이다.

◆　　2019년 11월 기준이다. 이 비율은 매일 매순간 바뀐다.
◆◆　시가총액 가중이라고도 한다.

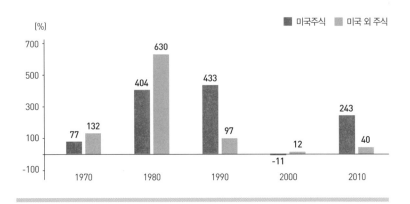

■ 그림 4-2 | 미국주식 vs. 미국 외 주식의 50년간 수익률

브리지워터에서 나온 문서인 〈지역적 분산 투자가 반드시 필요한 이유 Geographical Diversification Can Be a Lifesaver〉[19]의 데이터를 보도록 하자. 브리지워터에서는 주요 국가를 동일가중*으로 투자하는 것을 추천하고 있다. [그림 4-3]에 따르면, 특정 국가에 자금을 집중해서 투자하는 것(각각의 실선)보다 동일가중으로 나눠서 투자하는 것(주황색 선)의 수익률이 더 안정적이다. 이것은 주식뿐만 아니라 채권에도 해당된다.

◆ 리밸런싱은 매년 한다고 가정한다.

그림 4-3 | 동일가중 vs. 각국 주식 수익률

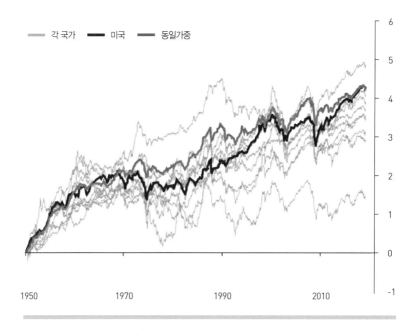

수익률 외에도 투자자들이 겪는 고통의 지표인 낙폭*을 살펴봐도 동일가중이 가장 우월하다. 주식뿐만 아니라 채권에도 공통적으로 나타나는 현상이다.

◆ Drawdown, 고점 대비 평가액이 줄어든 정도

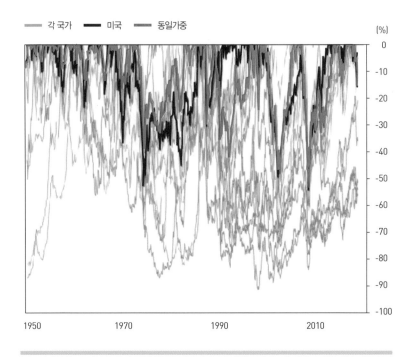

미국주식에만 투자해도 충분하다는 주장도 있다. 충분히 근거 있는 얘기다. 그들의 주장은 최근 각국 주식과 미국주식의 상관관계가 많이 올라갔으니 굳이 다른 나라의 주식까지 살 필요가 없다는 것이다. 심지어 떨어질 때는* 미국이 가장 덜 떨어졌으니 방어력도 좋다는 점을 강조한다. 이 주장은 [그림 4-5]에도 나와 있듯이 맞는 내용이다. 무역

◆ 2008년 금융위기 시절

이 GDP 대비 차지하는 비중(회색 선)이 올라감에 따라 각국 주식의 상관관계(주황색 선) 또한 올라갔다.

■ 그림 4-5 | 세계 교역량과 국가별 주식의 상관관계

이런 추세가 향후 계속 진행될 수도 있지만, 달라질 가능성도 염두에 둬야 한다. 최근 대두된 미·중 무역갈등을 통해 미국과 중국의 교역량이 현저히 줄어들었고, 그에 따라 다른 나라들간의 교역량도 줄어들기 시작했다. 그렇기에 미국 외에 다른 국가에 대한 투자도 고려해야 한다. 어떤 나라를 선택하는 것이 좋을까? 브리지워터에서는 미국주식과 상관관계가 낮은 국가들의 주식에 투자하는 것을 추천한다.

[표 4-1]에도 나오듯 다른 주요 국가들과 비교하면 중국은 미국과 구조적으로 상관관계가 낮다. 사회주의와 시장경제가 적절히 섞여 있어서 여전히 정부의 영향력이 타국에 비해 상당히 크고, 외국과의 교류가 적은 편이다. 특히 중국은 중앙은행의 여력이 있어서 부채위기가 발생

해도 다른 나라에 비해 쉽게 대처할 수 있다. 이러한 중국만의 독특한 상황은 투자에서는 기회이다. 투자에서 유일하게 주어진 공짜점심은 상관관계가 낮은 자산에 투자하는 것임을 잊지 말자. 만약 예상과 다르게 흘러가서 각국 주식의 상관관계가 지금처럼 높은 상태가 유지된다고 해도 포트폴리오의 수익률에 영향이 적으므로 부담이 없다.

■ 표 4-1 │ 미국주식, 채권과 다른 나라 주식, 채권의 상관관계

	유럽	일본	영국	중국	남아공	브라질	터키
주식	0.5	0.7	0.6	0.4	0.4	0.6	0.3
채권	0.7	0.5	0.6	0.4	0.3	0.1	0.3

실전에서 동일가중으로 투자할 때는 유니버스의 구성이 어렵다는 문제가 있다. 어떤 국가를 넣고, 어떤 국가를 빼야 할까? 전 세계는 약 190개국에 이르는데 모두 담을 수는 없다. 주가지수에 투자해봤자 10여 개국 정도가 한계이다. 그 10개국은 어떻게 정할 것인가? 크게 두 가지 방법이 있다.

시가총액 가중 투자

국가를 구분하지 말고, 전 세계 주식을 시가총액 가중으로 나눠서 투자한다면 어떨까? 국가별 인덱스 펀드 투자가 꾸준히 상승할 수 있는 것은 좋은 회사가 자연스럽게 비중이 커지고, 나쁜 회사가 비중이 줄어들기 때문이다. 그런 원리는 국가 경계를 넘어서 적용해볼 수도 있다. 다행히 뱅가드에서 이런 원리로 나온 ETF*가 있어 그것을 사면

된다. 다만, 미국 비중이 큰 것이 단점이다. 특정 국가의 비중이 너무 크다 보면 그 국가의 주식시장이 좋지 않을 때 피해를 고스란히 받을 것이다. 브리지워터에서도 특정 국가에 집중하는 투자는 좋지 않다는 것을 강조하고 있다.

경제권을 구분한 투자

구현하기 어려운 동일가중 투자와 상대적으로 손쉬운 시가총액 가중 투자 사이에 현실적인 방법이 존재한다. 그것은 바로 경제권으로 구분해서 투자하는 방법이다. 여러 가지 방법이 있겠지만, 전 세계를 미국과 미국 외 선진국EAFE◆◆과 신흥국으로 나눌 수 있다. 주식에 투자할 금액을 1/3씩 나눠서 각 경제권에 투자할 수 있다. 다만, 이 방법은 향후 경제권의 역학관계가 바뀔 때 대응해야 한다는 단점이 있다.

 단테의 도움말

신흥국 지수

어느 국가가 선진국인지 혹은 신흥국인지는 누가 정하는 걸까? 여러 기준이 있겠지만, 금융에서는 Morgan Stanley Capital International(이하 MSCI) 혹은 Financial Times Stock Exchange(이하 FTSE)에서 정한다. 두 회사는 각각 신흥국 지수를 만들어 공개하고 있다. 수많은 펀드와 ETF들은 이들 회사가 공개한 지수를 추종하여

◆ VT(Vanguard Total World Stock ETF)

◆◆ Europe, Australia and Far East. 유럽, 호주, 일본, 캐나다 등이 포함됨

투자하고 있다. 그러므로 특정 국가가 선진국으로 분류되는가 신흥국으로 분류되는가는 전적으로 지수를 만드는 이 두 회사의 결정에 달렸다. MSCI는 1960년대부터 각종 지수를 만들어냈다. 신흥국의 주가 수익률을 추적하기 위한 MSCI 신흥국 지수(Emerging Market Index)는 1988년에 처음 만들어졌다. 당시에는 10개의 국가가 포함됐고 전 세계 시가총액에서의 비중은 1%밖에 되지 않았다. 하지만 2020년 현재, 한국을 비롯해 러시아, 브라질 등 26개의 국가가 포함되어 있고, 전 세계 시가총액에서 차지하는 비중도 13%나 된다. 이머징 마켓을 추종하는 대표적인 ETF로는 MSCI 신흥국 지수를 추종하는 EEM과 FTSE 신흥국 지수를 추종하는 VWO가 있다.

주식이 반 토막 날 때 필요한 채권

채권 투자가 필요한 이유

다양한 국가의 주식에 분산해서 투자하는 것도 충분히 좋다. 하지만 주식의 수익률이 끔찍하게 떨어지는 기간이 존재한다는 것이 문제다. 그런 위험을 최소화하기 위해서 국가 간의 분산이 필요하다고 위에서 강조했지만 그것만으로는 충분하지 않다. 이런 위험에서 벗어나기 위해 근본적으로 가격이 다르게 움직이는 자산군에 투자해야 한다. 그런 자산이 여럿 존재하지만, 가장 무난한 자산은 채권이다.

주식과 채권의 상관관계는 일반적으로 낮다*. 다시 말해 주식의 가

◆   주식과 채권의 상관관계는 시기별로 조금씩 다른데, 자세한 내용은 뒤에서 설명하도록 하겠다.

격이 오를 때 채권의 가격은 내려가고, 주식의 가격이 내려갈 때는 채권의 가격이 오른다. 직관적으로 생각해보면, 주식시장의 분위기가 좋다고 판단되면 위험자산의 대표격인 주식의 인기가 높을 것이고, 안전하지만 낮은 수익을 보장하는 채권의 인기가 떨어질 것이다. 반대의 상황, 즉 경제위기가 와서 모두가 위험한 투자를 꺼린다면, 시장의 자금은 가장 안전하다고 판단되는 채권 쪽으로 쏠릴 것이다.

📊 **단테의 도움말**

상관관계 correlation

A라는 자산군과 B라는 자산군이 있다고 해보자. A의 가격이 10% 상승할 때 B도 똑같이 10% 상승하면 상관관계는 1이다. 만약 A의 가격이 10% 상승했는데, B의 가격이 변하지 않는다면, 상관관계는 0이다. 만약 A의 가격이 10% 상승했는데, B의 가격이 10% 하락한다면, 상관관계는 −1이다. 상관관계를 측정할 때는 주기와 기간이 가장 중요하다. 자산군은 월별 가격 움직임으로 비교하는 경우가 대부분이다. 기간은 가격 데이터가 존재하는 전체 기간으로 비교하기도 하고, 이동분석(rolling window)을 하기도 한다. 10년을 윈도우로 이동분석을 한다는 의미는, 2019년의 상관관계를 계산할 때는 2010~2019년의 데이터를 보고, 2018년의 상관관계를 계산할 때는 2009~2018년의 데이터를 본다는 것이다.

채권의 기초

채권을 한마디로 표현하면 경제 주체*가 발행한 빚문서이다. 가격을 보장하지 않아도 되는 주식과 다르게 채권은 발행한 경제 주체가 반

◆　국가, 지방자치단체, 회사, 개인 등이 해당된다.

드시 상환해야 한다. 채권의 이자율에 가장 큰 영향을 미치는 것은 발행 주체의 신용이다. 발행 주체가 파산하면 돈을 돌려받을 수 없기 때문이다. 그러므로 회사가 발행하는 회사채보다 국가가 발행하는 국채의 이자율이 더 낮다. 회사가 국가보다는 파산할 가능성이 더 높기 때문이다. 국가 중에서는 미국채권의 이자율이 가장 낮은데, 미국의 파산 가능성이 다른 국가에 비해 가장 낮기 때문이다. 채권에서는 만기 maturity 또한 중요하다. 만기가 아주 긴 채권과 만기가 아주 짧은 채권의 위험도는 다르다. 3개월 뒤에 만기가 끝나는 미 국채와 50년 뒤에 만기가 끝나는 미 국채가 있을 때 어느 채권이 더 위험할까? 답은 50년 만기의 미 국채다. 왜냐하면, 3개월 뒤에는 미국이 망하지 않을 수 있어도 50년 뒤에는 미국이 망할 수도 있기 때문이다. 3차 세계대전이 일어날 수도 있고, 지금은 예상하지 못 하는 일들이 얼마든지 일어날 수 있다. 투자자들은 더 높은 위험에 대한 보상을 받고 싶어 한다.

일반적으로 채권의 이자율이 올라가면 올라갈수록 채권의 가격도 비싸진다고 생각하는데, 그렇지 않다. 채권투자보다 예금에 익숙하다 보니 이런 생각을 하는 것 같다. 채권을 살 때는 받아야 하는 원금보다 할인*해서 산다. 채권의 이자율이 높다는 건 할인율이 더 크다는 의미이다. 그러므로 채권의 가격과 이자율은 반비례한다.

◆   이러한 원칙도 마이너스 금리 시대에 들어오면서 사라지고 있는데, 금리가 0보다 큰 일반적인 상황을 가정한다.

채권투자자는 대체로 두 가지 리스크*에 노출되는데 하나는 채무불이행 리스크이고, 다른 하나는 이자율 리스크이다. 채무불이행은 채무를 갚아야 하는 채권발행기관이 원금 혹은 이자를 주지 못하는 상황이다. 이자율 리스크는 이자율의 변동에 따라 채권의 가격이 바뀌는 리스크이다. 이렇게 생각해보자. 1월 1일 기준금리가 5%였고, 그 금리에 맞춰 이자율 5%의 채권 A가 발행되었다. 그런데 1월 2일 기준금리가 갑자기 20%로 인상됐다고 해보자. 그리고 새롭게 나오는 채권 B의 이자율은 20%라고 해보자. 여러분은 어느 채권에 투자하겠는가? 다른 조건이 같다면 이자율을 더 많이 주는 B에 투자하게 된다. 원래 채권 A를 갖고 있던 사람들 입장에서는 더 이상 같은 가격으로 판매할 수가 없다. 채권 A를 만기까지 보유하지 않고 중간에 현금화하고 싶은 사람들은 울며 겨자 먹기의 마음으로 채권 A의 가격을 낮출 수밖에 없다. 이렇듯 채권투자자들은 이자율이 인상되는 경우에는 위험하다. 반대도 보자. 1월 1일 기준금리가 20%였고, 이자율 20% 채권 C가 발행되었다. 그런데, 1월 2일 기준금리가 갑자기 5%로 인하되었고, 앞으로 발행되는 채권 D는 이자율이 5%가 되었다. 그렇다면, 채권 C를 갖고 있는 사람들은 행복할 것이다. 왜냐하면 모든 채권투자자는 채권 D보다는 이자를 더 많이 주는 C를 원할 것이기 때문이다. 그렇다면 채권 C를 갖고 있는 사람은 만기 이전에 현금화하고 싶을 때 가격을 올릴 수 있다. 왜냐면 채권 C가 상대적으로 이자율을 더 많이 주기 때문이다. 쉽

◆   물론 더 있으나 일단은 두 가지만 얘기해보자.

게 설명하기 위해 단순화했음은 감안하자.

단테의 도움말

하이퍼 인플레이션

하이퍼 인플레이션(Hyper Inflation)이란 인플레이션이 악화되어 더 이상 수습하거나 통제할 수 없을 정도가 되는 상태이다. 일반적으로는 한 달 전 물가 대비 물가가 50% 이상 오르면 하이퍼 인플레이션이라 한다. 전쟁이나 국가 부도, 공황 같은 비상사태에 대한 대응으로 무자비하게 돈을 찍으면서 시작된다. 정부가 감당 가능한 범위를 벗어나서 돈을 찍어내면, 그 나라의 화폐가치에 대한 신뢰가 바닥으로 떨어지게 되고, 떨어지는 화폐가치에 대한 두려움으로 인해 실물자산을 사재기하기 시작한다. 이런 사태를 수습하려고 돈을 더 찍다가는 더욱 심한 하이퍼 인플레이션이 지속될 뿐이다.

하이퍼 인플레이션의 대표적인 사례는 1차 세계대전 직후인 1920년대 바이마르 공화국에서 볼 수 있다. 독일은 1차 세계대전 패배 이후 막대한 전쟁 배상금과 수습에 필요한 재원을 마련하기 위해 통화를 발행했는데, 정부의 재무건전성이 뒤따르지 못했기에 하이퍼 인플레이션이 발생했다. 이때 물가가 1년여 만에 1,000배 뛰었고 화폐 가치가 곤두박질 치면서 땔감을 사는 것보다 지폐로 불을 때는 것이 저렴했고, 도배지를 사는 것보다 지폐로 벽을 도배하는 것이 저렴한 상황이 되었다.

채권을 발행하는 기관들은 반드시 갚아야 한다. 이런 특성 때문에 경제가 어려워질 때 주식보다 더욱 선호된다. 발행기관이 망하거나 채무불이행을 선언하지 않는다면, 특정한 명목수익을 보장받을 수 있기 때문이다. 특히 중앙은행이 경기를 부양하기 위해 금리를 인하한다면 가장 직접적인 수혜를 받는다.* 다만, 중앙은행이 인플레이션에 대한 부담이 없다는 전제가 필요하다. 중앙은행은 물가가 상승하면 금리를 인상한다. 적기에 물가를 안정시키지 못한다면 자칫 하이퍼 인플레이션으로 흘러갈 수 있기 때문이다. 그러므로 인플레이션의 부담이 적은 시기에는 주식과 채권은 따로 움직일 가능성이 높고, 인플레이션이 높은 시기에는 두 자산군이 모두 힘들 것이다. 그것을 그래프로 표현하면 [그림 4-6]이 된다.

■ 그림 4-6 | 주식과 채권의 상관관계와 인플레이션(1890-2015년)[20]

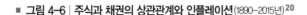

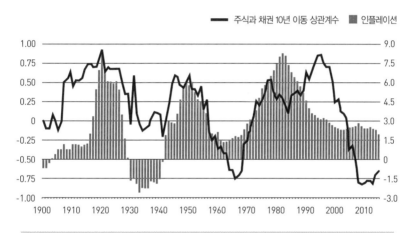

채권 ETF

채권 ETF는 어떻게 작동할까? 모든 채권 ETF를 다룰 수는 없으나 가장 많이 언급되는 미국주식시장에 상장된 미 국채 ETF를 예로 들어 간단히 설명하려 한다. 미 국채 ETF를 만기 기준으로 분류하면 다음과

◆　3장에서 그 이유에 관해 설명했다.

같다.

SHY(iShares 1-3 Year Treasury Bond ETF)

1~3년 만기인 채권을 보유하는 ETF이다. 만기가 가장 짧으므로 이 자율 변화에 따른 위험이 거의 없다. 다만, 수익률도 높지 않다. 단기채 라고 한다.

IEF(iShares 7-10 Year Treasury Bond ETF)

7~10년 만기의 미국채권을 보유하는 ETF이다. 중기채라고 한다.

TLT(iShares 20+ Year Treasury Bond ETF)

20년 이상의 만기가 남은 미국채권을 보유하는 ETF이다. 장기채라 고 한다.

EDV(Vanguard Extended Duration Treasury Bond ETF)

쿠폰이 없는 채권을 보유한 ETF이다. 초장기채 혹은 제로쿠폰채권 이라고 한다. 일반 채권은 쿠폰이자를 꼬박꼬박 주는 데 반해 제로쿠폰 채권은 쿠폰이자를 주지 않기 때문에[*] 같은 만기라고 해도 이자율 변 화에 대한 영향이 더 크다. TLT보다도 듀레이션duration[**]이 더욱 크다.

SHY는 만기가 3년인 미 국채를 매수한 후 만기가 1년 이하가 되면 매도한다. IEF는 만기가 10년인 미 국채를 보유하다가 만기가 7년 이 하가 되면 매도한다. 다른 ETF들도 크게 다르지 않다.

◆   쿠폰을 주는 채권은 이미 투자자에게 돌려준 돈이 있기에 이자율에 대한 영향이 제로쿠폰채권보다 적다.
◆◆ 채권에서 발생하는 현금흐름의 가중평균 만기이다. 듀레이션이 크면 이자율에 따른 가격변화가 크고, 듀레 이션이 작으면 이자율에 따른 가격변화가 작다.

쿠폰이자

채권은 만기가 되기 전까지 지속적으로 이자를 제공하는데, 그 이자 금액을 쿠폰이 자라고 한다. 과거에 채권은 종이로 되어있었고 그 채권에는 종잇조각이 붙어있었 는데, 그것을 쿠폰이라고 불렀다. 과거에는 쿠폰을 가지고 가면 이자에 해당하는 현 금으로 교환을 해주었었다.

지금은 물리적인 형태의 쿠폰이 더이상 존재하진 않지만, 대부분의 채권은 정기적 으로 이자를 지급하고, 과거의 관례에 따라 그 이자를 쿠폰이자로 부른다.

제로쿠폰 장기채

제로쿠폰 장기채는 명목 채권 중에 하나로 중간에 쿠폰이자를 주지 않고, 만기에 한 번에 원금을 지급한다. 쿠폰이자 지급이 없어 이자율에 대한 리스크가 같은 만기인 채권 대비 더 크다.

제로쿠폰 장기채에 투자하고 싶다면 EDV(Vanguard Extended Duration Treasury) ETF를 사면 된다. 이 ETF는 30년 만기 제로쿠폰채권을 매입하고, 만기가 20년이 된 채권은 매도하는 상품이다. 제로쿠폰이라는 이름 때문에 분배금이 없을 것이라 생각하기 쉬우나 운용 중 매매차익에 대해 분기별로 분배금을 주고 있다.

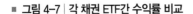

■ 그림 4-7 | 각 채권 ETF간 수익률 비교

위의 [그림 4-7]은 2009년부터 2019년까지 IEF, TLT, EDV에 같은 금액을 투자했을 때의 수익 곡선이다. 만기가 가장 긴 EDV의 가격 변동폭이 가장 크고, 만기가 가장 짧은 IEF의 가격 변동폭이 가장 작다.

이러한 특징은 연도별 수익률로 보면 더욱 명확해진다.

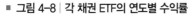

■ 그림 4-8 | 각 채권 ETF의 연도별 수익률

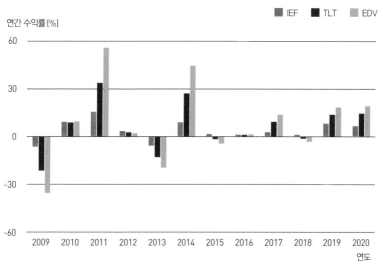

이번에도 IEF, TLT, EDV를 비교해보았다. 이들 채권 ETF의 가격은 단기적으로는 수급에 영향을 받기도 하지만, 1년을 기준으로 보면 이 자율의 변화에 영향을 받는다. 이자율이 떨어질수록 장기채의 가격은 급상승하고, 반대로 이자율이 올라갈수록 장기채의 가격은 급락한다. 자산 배분 투자자에게 변동성은 좋은 친구이다. 변동성이 높아져서 가격이 많이 떨어지면 저가 매수의 기회가 되고, 가격이 많이 올라가면 고점 매도의 기회가 되기 때문이다.

인덱스 펀드를
업그레이드한 60/40 전략

포트폴리오에 채권을 섞으면 기대 수익률은 해치지 않으며 안정적으로 수익률을 높일 수 있다. 이러한 개념은 일찍이 워런 버핏의 스승인 벤저민 그레이엄의 책인 《현명한 투자자》[21]에서 나왔다*. 특정 시기에 더 높은 수익률을 가져다주는 개별 채권들이 있을 수 있으나 개인이 시장을 이기는 것은 몹시 어려우므로 채권 인덱스 펀드를 선택하면 된다. 뱅가드에서 나온 ETF인 BND나 아이쉐어즈iShares에서 나온 AGG가 가장 무난한 선택이다.

주식의 비율을 낮추면 지나치게 수익률이 떨어지고, 채권의 비율을 낮추면 지나치게 변동성이 커지기 때문에 적절한 비율을 결정해야 한다. 주식 60%, 채권 40%의 비율로 섞는 것이 무난하다고 인정받고 있다. 그래서 이 전략을 60/40이라고 부른다. 미국주식과 채권으로만 구성되는 경우 US 60/40이라고 부르고, 전 세계의 주식과 채권을 포함하여 포트폴리오를 구성하는 경우 글로벌 60/40으로 부른다. 이 책은 글로벌 60/40만 다룰 것이다.

주식과 채권을 섞어서 투자할 때의 가장 큰 장점은 다양한 경기 상황에 대비할 수 있다는 데 있다. 60/40 전략을 사용하면, 경기가 시장의 기대보다 높을 때는 주식이 많이 올라서, 반대로 경기가 시장의 기

◆　당시에 인덱스 펀드에 대한 개념은 없었다.

대보다 안 좋을 때는 채권이 많이 올라서 수익을 거둘 수 있다*. 물론 몇몇 해에는 포트폴리오의 수익률이 마이너스가 나올 수도 있으나 충분히 좋은 전략이다. 이 전략에 대한 수요가 많아지면서 뱅가드에서는 이 전략을 그대로 반영한 펀드를 출시했다**. 1994년부터 25년간 연평균 수익률이 7.67%이고, 누적수익률은 무려 520%(세금 및 수수료 제외)에 달한다. 최대 낙폭(고점 대비 가장 많이 떨어진 정도)은 2008년 서브프라임 모기지 사태 때 -37%이다.

단테의 도움말

최대 낙폭이란?

최대 낙폭(Maximum Drawdown, MDD)이란 전고점 대비 어느 정도의 손실을 봤는지에 대한 지표이다. 예를 들어 MDD가 -50%라면, 과거에 투자자금의 50%를 잃은 적이 있다는 얘기다. 자산 배분 전략이라면, MDD -30% 내외까지가 현실적으로 견딜 수 있는 수치이다. 물론, MDD를 더 줄여서 -10% 정도로 만들면 좋겠지만 무조건 전략과 관련된 수치를 최적화하는 것만이 능사는 아니다. 이에 대해서는 책의 뒷부분에서 논의할 예정이다.

사람들은 어느 정도의 MDD를 감당할 수 있을까? 여러분은 어떻게 생각하는가? 전 재산을 투자해보지 않은 사람들은 -50%의 MDD도 견딜 수 있을 거라고 쉽게 얘기한다. 하지만 전체 투자자금의 절반이나 까먹고 정상적으로 투자를 속행하는 사람은 한 명도 본 적이 없다. 보통은 -50%가 되기 전에 모든 자산을 팔고 투자 세계를 떠난다.

◆   물론 주식 자산군의 수익률은 줄어든다.
◆◆   VSMGX(Vanguard Lifestrategy Moderate Growth Fund)

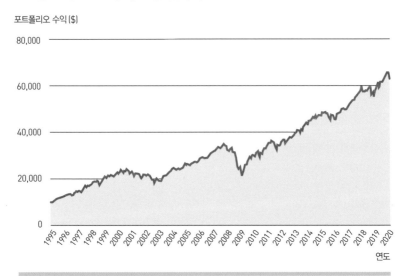

포트폴리오 수익 ($)

2008년에 다소 낙폭이 심한 것을 제외하고는 아주 무난한 전략이고, 현재도 수많은 투자 컨설턴트가 추천하는 상품이기도 하다. 자산운용사인 블랙록Blackrock에서 이것을 ETF로 출시해서 한국의 투자자도 직접 구매할 수 있다. ETF의 명칭은 AORiShares Core Growth Allocation이다. 2008년 11월에 운용을 시작했고, 미국에 상장된 자산 배분 ETF 중에서는 가장 큰 시가총액*을 자랑하고 있다. 3장에서 언급한 각종 펀드나 위대한 대가들의 투자수익률에 대해 기억한다면, 연평균 7.6%가 얼마

◆　2019년 10월 기준 시가총액은 약 1.5조 원이다.

나 뛰어난 성적인지 알 것이다. AOR 투자자는 한 종목*만 매수하면 되므로 별도의 리밸런싱을 할 필요도 없다. 따라서 투자에 문외한이더라도 누구나 쉽게 운용할 수 있다. 자녀에게 상속하거나 부모님에게 추천하기에 좋은 상품이다. '사놓고 아무것도 안 해도 됩니다'라고 얘기하면 그만이다. AOR의 또 다른 장점은 세금 이연(일정 금액이 될 때까지 해당 수입에 대한 세금이 유예되는 것)이 손쉽다는 것이다. 미국주식은 시세차익에 대해 250만 원을 공제한 후 나머지 금액에 양도소득세 22%를 내야 하지만**수익을 실현하지 않으면 세금을 내지 않아도 된다. 따라서 수십 년 동안 매도하지 않고 보유한다면 세금 또한 수십 년 동안 안 내도 된다. 다른 자산 배분 전략들은 리밸런싱rebalancing을 위해 중간에 자산들을 사고팔아야 하고, 거기서 불가피하게 세금이 발생한다. 그러므로 AOR를 매수 후 보유하는 것은 세금 부문에서 장점이 있다.

> **단테의 도움말**
>
> **리밸런싱**Rebalancing
> 투자자산의 비율을 일정 시기마다 다시 맞추는 것을 리밸런싱이라고 한다. 예를 들어 주식과 채권을 6:4의 비율로 투자하고, 매년 말에 리밸런싱을 한다고 가정하자. 1월 1일 기준 주식 600만 원, 채권 400만 원으로 투자를 시작했는데, 그해의 말일(12월 31일)에는 주식과 채권 가격의 변화에 따라 평가액도 달라졌을 것이다. 주식의 평가액이 700만 원이 되고 채권이 500만 원이 됐다고 했을 때, 다시 주식과 채권을

◆　　ETF로는 하나지만, 이 ETF는 전 세계 수천 개의 주식과 채권에 골고루 분산투자하고 있다.
◆◆　　배당소득은 15%를 선취로 과세한다.

6:4 비율로 맞춰주는 것을 리밸런싱이라고 한다. 총금액(1200만 원)의 60%를 주식이 차지해야 하니 주식의 목표 평가액은 720만 원, 채권의 목표 평가액은 480만 원이 된다. 그러므로 채권을 20만 원 매도한 후 그 돈으로 주식을 20만 원 매수하면 리밸런싱이 마무리된다.

서로 가격이 반대로 움직이는 자산(혹은 '상관관계가 반대인 자산'이라고도 표현한다)을 위와 같이 정기적으로 리밸런싱하면 포트폴리오의 변동성이 더 적어지고, 초과수익이 나는 것으로 알려져 있다.

60/40의 아킬레스건을 보완할
리스크 패리티

60/40 전략이 전 세계적으로 알려지면서 수많은 투자자가 60/40에 기반한 자산 배분 투자를 시작했다. 그러면서 이 전략의 문제점도 세상에 알려지게 되었다. 이 전략의 근본적인 문제점은 전체 포트폴리오 수익률에 미치는 주식의 영향이 크다는 데 있다. 이것을 주식의 리스크가 높다고도 표현한다. 주식의 변동성이 채권과 비교하면 2배 이상 크기 때문이다. 60/40에서 주로 이용하는 방식으로 채권 인덱스를 구성하는 경우* 평균적으로 만기가 5~10년 정도가 남은 채권**을 담는다.*** 투자자들은 이런 부분이 근본적으로 문제가 있다고 생각했고, 이것을 업그레이드하기 위한 방안에 대해 고민하기 시작했다.

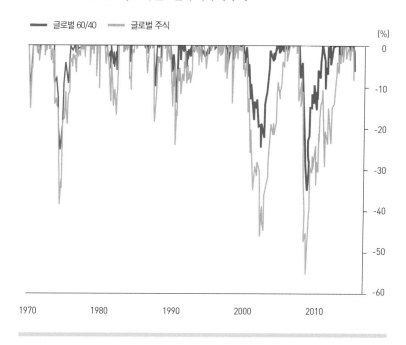

[그림 4-10]을 보자. 손해가 나는 구간들을 비교해보면, 주식(회색)과 60/40 포트폴리오(주황색)가 거의 유사함을 알 수 있다. 겉으로는 자산 배분이 충분히 된 것 같지만, 수익 곡선은 주식에 100% 투자한 것과 거의 비슷하게 움직인다. 글로벌 60/40의 자산 배분과 리스크 비율을 다시 표현해보면 [그림 4-11]과 같다.

◆　　시가총액 가중

◆◆　　Intermediate Term Bond(중기채)라고 한다.

◆◆◆　　전체 채권시장에는 만기가 1~3년인 채권들부터 만기가 20년 이상인 채권들이 두루 섞여 있는데, 이들의 만기를 평균 내면 5~10년 정도가 나온다.

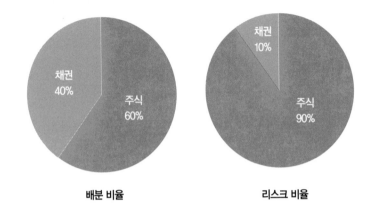

■ 그림 4-11 | 글로벌 60/40의 투자와 리스크 비율

배분 비율   리스크 비율

두 자산군에 6:4로 나누어 투자했으나 리스크를 계산해보니 포트폴리오의 리스크는 대부분 주식 때문에 발생했다. 이런 문제를 해결하고자 사람들은 리스크를 동일한 비중으로 배분해야겠다고 생각했고, 이에 리스크를 동일하게 가져가는 리스크 패리티Risk Parity 전략*이 탄생하였다. 리스크 패리티 전략의 비밀은 채권을 레버리지하는 것에 있다.

[그림 4-12]에 따르면, 현금의 기대 수익률은 4.5%**, 미국 10년 채권의 현금 대비 초과 기대 수익률은 2.7%(기대 수익률은 7.2%)이다. 기대 리스크는 7.4%이다. 미국 10년 채권이 S&P500에 비해서 기대 수익률이 낮은 이유는 기대 위험이 낮기 때문이다. 미국 10년 채권을 2:1로 레버리지하면 어떻게 될까? 현금 대비 초과 기대 수익률이 5.0%, 변동성은 14.8%로 올라간다. 주식과 거의 같은 리스크와 수익률을 갖는 자

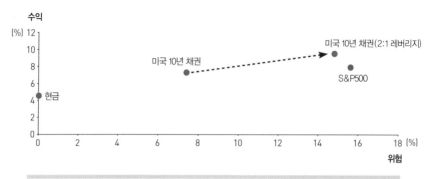

■ 그림 4-12 | 미국 10년 채권, 미국주식, 미국 10년 채권 레버리지의 기대 위험과 기대 수익률[23]

산으로 다시 태어난다. 미국 국채뿐만 아니라 올웨더에서 이용하는 다른 자산군(물가연동채, 신흥국 채권, 회사채)도 같은 형태로 레버리지 할 수 있다. 헤지펀드들은 레버리지를 이용하는 절차가 손쉬우나 일반 투자자들은 어렵다. 대신 일반 투자자는 장기채를 이용할 수 있다. 장기채에 투자하면 리스크(가격의 움직임)가 중기채에 비해 커진다. 장기채가 중기채보다 이자를 지급해야 하는 기간이 더 길기 때문이다.

브리지워터도 60/40 포트폴리오가 갖는 근본적인 문제를 인지하고 있었고, 리스크를 동등하게 배분해야 한다고 문서를 통해 공개하며 강조하고 있다.[24][25]

이외에도 최근 1년간 자산군의 변동성(리스크)을 측정하고, 그 변동

◆　리스크를 정의하는 방식에 따라 구현하는 방법은 다양하다. .

◆◆　요즘과 같은 저금리 시대와 맞지 않지만, 1970년대부터 2010년대까지의 평균을 내면 4.5% 정도 나온다.

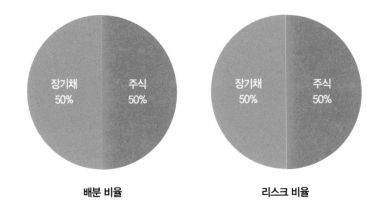

성에 맞춰 자산 배분의 비율을 동적으로 맞추는 리스크 패리티 전략도 존재하지만, 임의로 자산 배분의 비중을 바꿔나가는 전략은 생각보다 수익을 거두기 어렵다.◆ 리스크 패리티 전략은 주식에만 쏠려있던 리스크를 주식과 채권 두 자산군에 고루 배분했다는 데에 의미가 있다. 하지만 여전히 문제가 존재한다. 주식과 채권의 상관관계가 높은 구간들이 분명히 존재하기 때문이다. 특히 물가가 오르는 시기에는 이 문제가 더욱 커진다.

◆　왜 어렵다고 생각하는지는 7장을 참고하자.

인플레이션 시기에
어떤 자산을 선택해야 할까?

1990년 이후 전 세계는 인플레이션을 잘 조절해왔으나 앞으로도 인플레이션을 잘 조절할 수 있을지 알 수 없다. 그동안의 공황은 높은 인플레이션으로 인해 생겼는데, 대표적으로 1970년대의 오일 쇼크가 있다. 오일 쇼크는 중동전쟁이 패배로 끝나자 OPEC*에서 석유 가격을 통제하면서 생긴 쇼크다. 수개월 만에 원유 가격이 몇 배나 올랐고, 그에 따라 물가도 천정부지로 치솟았다. **

■ 그림 4-14 │ 미국경제 주요 지표의 10년 단위 연평균 변화율[26]

	1920 년대	1930 년대	1940 년대	1950 년대	1960 년대	1970 년대	1980 년대	1990 년대	2000 년대	2010 년대
실질 성장률	3.9%	1.8%	5.1%	4.1%	4.2%	3.3%	3.2%	3.3%	1.8%	2.3%
국채 수익률	4.0%	0.6%	0.5%	2.1%	4.2%	6.7%	9.5%	5.1%	2.8%	0.5%
채권 수익률	4.1%	3.0%	2.0%	3.0%	4.8%	7.7%	10.9%	6.8%	4.5%	2.5%
실업률	4.5%	16.2%	5.5%	4.5%	4.8%	6.2%	7.3%	5.8%	5.5%	6.5%
인플레이션	−1.1%	−2.1%	5.4%	2.3%	2.6%	7.5%	5.0%	2.9%	2.5%	1.7%

미국의 1970년대 인플레이션은 연평균 7.5%였다. 다시 말해 올해 짜장면이 5,000원이라면, 내년에는 5,375원, 내후년에는 5,778원으로 오른다는 말이다. 2020년을 살아가는 우리에게는 먼 얘기로 들릴 것

◆　Organization of the Petroleum Exporting Countries. 석유수출국기구
◆◆　물건 생산 시 원가에 가장 많은 영향을 주는 것은 원유이다.

이다. 2010년대의 인플레이션 연평균 상승률은 1.7%밖에 안 되니 말이다. 당장은 그런 일이 안 일어날 것 같지만 과거를 돌이켜보면 1940년대나 1980년대에도 인플레이션은 연평균 5%였다. 자산시장에서 10년이라는 시간은 찰나와 같이 짧다. 앞으로 우리가 투자할 날이 적어도 50년이라고 생각하면, 최근 100년 동안 일어났던 사건들은 얼마든지 다시 일어날 수 있다. 그러므로 투자자는 지난 세기에 일어났던 사건들이 다시 일어날 경우에 대비하는 포트폴리오를 만들어야 한다. 갑작스럽게 발생한 높은 인플레이션은 주식과 채권만을 들고 있는 투자자에게는 최악의 적이다. 채권의 쿠폰이자율은 발행할 때부터 이미 고정되어있고,◆ 기준금리가 올라가면 이미 발행된 채권들은 새로 발행되는 채권들에 비해 매력도가 떨어져 채권의 시장 가격은 급락한다. 또한 높은 인플레이션은 회사에게 좋지 않다. 대부분의 주식회사는 은행이나 다른 금융기관으로부터 돈을 빌려 운영하는데, 금리가 올라가면 돈을 빌리기 힘들어지기 때문이다. 이자 비용 이상의 영업이익을 만들어내야 하는 상황에서 돈을 빌려 회사를 운영하는 것은 쉽지 않다. 높은 이자를 감당할 수 없는 회사들은 문을 닫을 것이다.

◆　채권을 보유할 때 매 기간 지급되는 이자 금액을 채권 원금에 대한 비율로 나타낸 것이다. 채권의 수익률과는 다르다. 채권의 수익률은 채권을 만기까지 보유하게 되는 동안 쿠폰이자금액을 포함한 모든 수익을 연이율로 나타낸 개념이다.

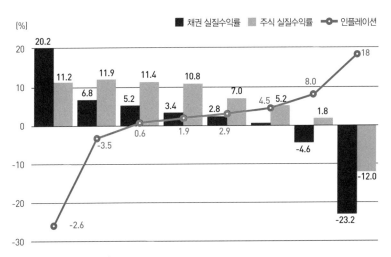

■ 그림 4-15 │ **인플레이션에 따른 주식과 채권의 실질 수익률**(1900~2011년)

Credit Suisse Global Investment Returns Yearbook 2012

100년간의 데이터를 참고해도 이런 논리에 부합한다. [그림 4-15]는 인플레이션에 따른 주식과 채권의 수익률을 조사한 것이다. 왼쪽은 인플레이션이 낮은 상황이고, 오른쪽은 인플레이션이 높은 상황이다. 가장 오른쪽이 인플레이션이 가장 높은 시기인데, 이때의 채권과 주식의 수익률은 -23.2%와 -12%이다.

이런 시기에 중앙은행은 기업 운영이 더 어려워질 것을 알더라도 물가를 잡기 위해 금리를 올려야 한다. 만약 중앙은행이 금리를 올리지 않고 물가를 잡지 못하면 1차 세계대전 후의 바이마르 공화국이나 2000년대 짐바브웨에서 벌어진 하이퍼 인플레이션이 일어날 수 있고, 이것은 국가 경제에 최악의 영향을 줄 것이기 때문이다. 그래서 혹자는 인플레이션을 잡기 위해 금리를 올리는 상황을 항암치료에 비유하기도 한다. 이런 상황에서 우리의 포트폴리오를 보호해줄 수 있는 자산군은 어떤 것이 있을까?

인플레이션에 강한 금

갑자기 인플레이션이 높아질 때 가격이 오를 것으로 예상하는 자산으로 가장 먼저 금을 꼽을 수 있다. 오랜 역사 동안 사랑받아왔던 자산군이다. 희소성이 높은 데다가 오래 두어도 그 가치가 훼손되지 않는다. 20세기에는 금본위제가 시행되기도 했었다.

단테의 도움말

금본위제

2차 세계대전 종전 직전인 1944년 미국 뉴햄프셔주 브레턴우즈에 주요 국가의 수장들이 모여 앞으로의 화폐 체제에 합의하였다. 그 내용은 오직 달러만을 금으로 바꿔주는 것이었다. 다른 나라가 금을 교환하고자 한다면, 자국 화폐를 달러로 바꾼 후에 그 달러를 금으로 바꾸어야 했다. 이런 협정이 가능했던 이유는 미국이 당시 기준으로 전 세계 금의 70%를 보유하고 있었기 때문이다. 이에 따라 주요 국가들은 국제 거래를 하기 위해서 금 외에도 달러를 비축하게 되었고, 달러는 이 시점 이후 전 세계의 기축통화가 되었다.

1950년대까지는 이런 상황에 큰 문제가 없었는데, 1960년대에 베트남 전쟁이 시작되었고, 미국은 전쟁 비용을 충당하기 위해 달러를 마구 발행하게 되었다. 달러 발행량에 비해 금의 비축량이 턱없이 부족했던 미국은 1971년에 '더 이상 달러를 금으로 교환하지 않겠다'라고 선언하게 된다(닉슨 쇼크). 그 이후 금본위제는 전 세계에서 사라지고, 지금의 변동환율제로 대체되었다.

워런 버핏은 금 투자를 부정한다?

세계 최고의 투자자 중 한 명인 워런 버핏은 근본적으로 부가수익이 창출 가능한 자산군(주식이나 채권)에 투자하는 것을 선호한다. 그의 관점에서 본다면, 금은 투자 가치가 전혀 없다. 금을 갖고 있다고 해서 더 많은 금이 생기지는 않기 때문이다. 반면에 레이 달리오는 반드시 금을 자산의 일부로 가져가야 한다고 주장한다.

도대체 누가 맞고 틀린 것일까 하는 의문이 생길 수 있다. 정답부터 얘기하자면, 둘 다 맞다. 둘의 주장이 다른 이유는 두 사람의 투자 스타일이 확연히 다르기 때문이다. 워런 버핏은 장기적으로 더 많은 수익을 가져다줄 기업을 발굴하여 투자하는 것을 선호한다. 이런 경우 좋은 기업을 선별하는 것이 핵심이다. 그런 기업을 선택하면 주가가 떨어져도 장기적인 관점에서는 올라갈 것이라는 확신이 있기 때문이다. 한편 레이 달리오는 자산 배분 투자자라 주식 외에도 다양한 자산군에 투자하는 것을 선호한다. 그는 모든 경제 상황을 고려하여 1년이라도 큰 손해를 보는 상황을 피하려 한다.

투자 공부를 하다가 이렇게 상반되는 투자 조언을 접하게 되면 투자자는 혼란에 빠진다. 왜 이렇게 근본적으로 다른 조언을 할까? 이것은 각자의 투자 스타일이 다르기 때문이다. 워런 버핏은 저평가된 주식을 분석해 매수한 뒤 장기간 보유하는 것을 선호한다. 그런 투자 스타일을 가진 사람에게 현금 흐름이 생기지 않는 자산은 무의미할 것이다. 레이 달리오는 상관관계가 서로 낮은 자산을 배분하여 장기적으로 안정적인 수익을 가져다주는 스타일을 선호한다. 1년 단위로도 수익률이 크게 흔들리지 않는 것이 중요하다. 금은 주식·채권과는 근본적으로 다른 자산이고, 상관관계가 매우 낮다.

따라서 자신의 투자철학과 가장 어울리는 투자자의 조언을 받아들이면 된다. 필자는 워런 버핏과는 다르다. 연 50%의 손실을 별것 아닌 일처럼 받아들일 수 없다. 개별종목을 선택해내는 능력도 부족하다. 아마도 평균적인 투자자는 필자와 크게 다르지 않을 것이다. 그런 사람들에게 추천하기 위한 투자법이 이 책에서 소개하고 있는 레이 달리오의 올웨더 포트폴리오이다.

결론적으로, 금은 평균적인 투자자의 포트폴리오에 반드시 포함되어야 하는 자산 중 하나이다.

다만, 금 투자를 트레이딩으로 접근하기에는 무리가 있다. 금의 변동성이 아주 크기 때문이다.

■ **그림 4-16 │ 금의 1온스당 가격**(1915~2019년)[27]

[그림 4-16]을 보자. 금 가격은 한번 떨어지면 수십 년 동안 회복되지 않기도 한다. 1980년대에 가격의 피크를 찍고 아직도 그 가격을 회복 못 하고 있다. 바이 앤 홀드buy-and-hold를 무작정 하면 안 되는 자산이다. 그리고 인플레이션의 수치가 작을 때*는 인플레이션보다는 수급의 영향을 더 많이 받기에 금의 가격을 예측하기 어렵다. 그러므로 금은

◆　연 3% 이하의 인플레이션

투자자산 포트폴리오 중 하나로 접근해야지, 장기적으로 돈을 벌겠다는 관점으로 접근하면 안 된다. 갑작스럽게 발생할 수 있는 높은 인플레이션*에 대비하기 위한 보험이라고 생각해야 한다.

■ 그림 4-17 | 10년 단위 각 자산군의 명목 수익률

	1920년대	1930년대	1940년대	1950년대	1960년대	1970년대	1980년대	1990년대	2000년대	2010년대
주식	17%	-2%	9%	18%	8%	5%	17%	18%	0%	13%
채권	15%	37%	31%	-7%	-3%	4%	12%	10%	10%	8%
금	0%	5%	1%	-1%	0%	30%	-3%	-3%	15%	2%
은	-6%	-3%	8%	2%	7%	27%	-12%	0%	13%	-2%
원자재	-4%	-2%	8%	0%	1%	15%	-1%	2%	12%	0%

금은 언제 오르는가? 일반적으로 인플레이션이 아주 높거나 경제위기 시에 오른다. 인플레이션이 역사상 가장 극심했던 1970년대에는 금이 많이 올랐다. 이때의 연평균 수익률이 무려 30%이다. 하지만 1970년대를 제외하고는 2000년대의 상승**이나 1930년대의 상승률(연평균 5%)은 인플레이션만으로 설명이 되지 않는다. 1930년대는 대공황의 시대였고, 경제를 활성화하기 위해 이자율을 0%로 낮추고, 달러와 금이 연동되어있던 것을 일시적으로 해제하기도 했다. 그에 따라 1932~1937년 사이에 금을 비롯한 은과 원자재의 가격이 많이 올랐

◆　　연 5% 이상의 인플레이션
◆◆　　연평균 15%

다. 2000년대에도 서브프라임 모기지 위기라는 아주 강력한 부채위기가 미국을 습격했으며, 미국은 이것으로부터 생존하기 위해 달러를 많이 찍어내야만 했다. 극심한 경제위기 속에서 달러를 믿을 수 없어 부를 안전하게 보관할만한 대체 자산으로 금을 선택했다.

그런데 1940년대와 1980년대에도 인플레이션 수치는 아주 높았는데 금값은 오르지 않았다. 1940년대와 1980년대는 1930년대와 1970년대에 금값이 이미 너무 많이 올랐던 영향도 있을 것이다. 금값에 대한 거시적인 분석은 이 정도인데, 미시적으로 보면 복잡하기 때문에 다른 자산군과 다르게 움직이되 경제위기와 인플레이션에서 조금 강한 면이 있다는 정도로 기억해두고 넘어가면 될 듯하다.

금에 투자하는 방법은 여러 가지가 있는데, 세금을 생각한다면 한국 투자자에게는 KRX금시장이 가장 좋다. 미국에 상장된 ETF를 통해 투자하고 싶다면 IAU나 GLD가 무난하다. IAU나 GLD는 거의 비슷한 상품인데, IAU가 비용이 조금 더 저렴하다.

단테의 도움말

KRX금시장

한국 투자자는 KRX금시장에서 금 현물에 직접 투자할 수 있다. 증권계좌가 있다면 매매하는 데 문제는 없지만, 금 시장에서 매매하려는 경우 별도 추가 계좌를 만들어야 한다. HTS나 MTS에서 직접 매매가 가능하다. 다만, KRX금시장의 거래량이 많지 않아서 많은 자금을 운용하려 한다면 매수·매도가 조금 불편할 수도 있다. 투자 가능 시간은 한국주식시장과 같다.

인플레이션에 강한 원자재

원자재Commodities 상품들은 소비자가 일상생활에서 쓰는 물건들의 기초재료가 되는 상품이다. 원자재는 크게 에너지, 농축산물, 산업금속 Industrial Metals, 귀금속Precious Metal 등으로 나눌 수 있다.

■ 표 4-2 | 대표적인 원자재 분류 방식

자산군	대표품목
에너지	WTI유, 브렌트유, 가솔린, 난방유, 천연가스 등
농축산물	밀, 콩, 옥수수, 커피, 코코아, 돈육, 생우 등
귀금속	금, 은, 백금, 팔라듐 등
산업금속	구리, 알루미늄, 니켈, 아연 등

각각의 상품에 투자할 수 있으나 그보다는 이런 상품을 묶은 ETF에 투자하자. 다만, ETF의 상품 구성 비율에 일관성과 통일성이 있으면 좋은데 벤치마크를 정하는 회사마다 제각각인 점이 아쉽다. 주식과는 다르게 정확히 시가총액을 파악하기 힘들어서 그런 것으로 추측된다. 선물옵션에 능하다면 해외선물계좌를 만들고 직접 트레이딩할 수 있겠지만, 이 책의 범위를 벗어난다. 자산 배분 투자를 하고자 한다면, ETF만으로도 충분하다.

원자재 ETF에는 어떤 것들이 있는지 알아보자.

선물Futures

특정 자산을 특정 시점에 미리 정한 가격에 사거나 팔 수 있는 권리를 선물이라고 한다. 원래는 농산물 등의 시세 변동에 따른 위험을 회피하기 위해 개발되었으나 현재는 시세차익을 노리고 투자하는 트레이더도 많다.

예를 들어 농부와 도매상인이 쌀 한 가마니를 두고 계약한다고 하자. 농부 입장에서는 이 계약을 통해 쌀의 가격이 폭락하는 위험에 대해 헤지(hedge)할 수 있다. 만약 운이 좋아 같이 계약할 도매상인이 존재한다면, 오늘(2019년 10월 1일)을 기준으로 2019년 12월 31일에 쌀 한 가마니당 30만 원을 받기로 계약할 수 있다. 12월 31일에 쌀 한 가마니당 30만 원이 넘으면, 도매상인이 이득이라고 할 수 있고, 쌀 한 가마니당 30만 원이 안 되면 농부가 이득이다.

요즘에는 개인 대 개인으로 진행하던 계약들을 거래소에서 지원하고 있다. 원유가 오를 것 같으면 원유를 직접 사서 창고에 보관하는 것보다 원유 선물 상품을 매수하는 것이 훨씬 더 간편하다. 그리고 이런 선물 상품들은 ETF와 연동이 되기도 한다. 자산 배분 투자자들이 투자하는 원자재, 금 ETF들은 자금 유입에 따라 선물을 매수하거나 매도한다. 일부 ETF는 창고에 실물자산을 직접 보관하기도 한다. 원자재 ETF는 주식에 비해 보관이 불편하므로 비용(expense ratio)이 상대적으로 비싼 편이다.

1 │ DBC Invesco DB Commodity Index Tracking Fund

패시브하게* 운영된다. 각 원자재 선물에 골고루 투자한다. DB Commodity Index를 추적하며 10여 개의 선물 상품에 투자한다.

◆ 규칙적으로 특정 시점에 다음 선물로 롤오버(만기연장)가 됨

롤오버

우리는 상품 ETF를 매입할 것이지만, ETF 내부적으로 선물 상품을 운용해주기에 구체적인 원리까진 이해하진 않아도 투자하는 데 큰 문제는 없다. 다만, ETF가 어떻게 동작하는지 궁금한 독자들을 위해서 롤오버(roll over)에 대해서 간단히 설명해보려 한다.

롤오버란 ETF에 편입하는 원자재 선물을 다음 월물로 넘기는 행위를 말한다. 이러한 롤오버를 어떤 주기로, 어떻게 하느냐에 따라 수익 차이가 많이 난다. 그러므로 이 전략은 아주 중요하다. 만약 최근월물을 편입하고, 편입월물이 만기가 가까워지면 최근월물로 롤오버하는 전략을 취하면 원자재 현물 가격을 잘 추종하는 장점이 있다. 최근월물이 아닌 원월물을 편입하면 단기적으로 원유 현물 가격과 ETF 가치 사이에 괴리가 커질 수 있다. 보통 원월물이 최근월물에 비해 가격 변동성이 낮기 때문이다.

그런데 최근월물을 편입하는 전략을 쓰게 되면 롤오버를 빈번하게 해야 한다. 선물이 만기가 도래할 때가 되면 보유하고 있는 월물을 매도하고 그보다 원월물을 매수해야 한다. 매월 월물이 있는 원유선물에 이 전략을 쓰는 경우 1년에 12번이나 롤오버하게 된다. 이렇게 되면 매매수수료가 발생하고, 다음 월물로 넘어가면서 추가적인 비용(콘탱고)이 발생한다. 콘탱고는 원자재 등을 보관하는데 필요한 보관료를 지불하는 것으로 생각하면 이해가 쉽다. 다만, 특수한 상황에서는 다음 월물로 넘어가면서 이익이 발생하는 경우가 있는데, 그것을 백워데이션(backwardation)이라고 한다.

롤오버 정책을 어떻게 세우느냐에 따라 같은 기초자산을 추종하면서도 ETF의 수익률이 크게 달라질 수 있다. 패시브하게 기계적인 정책을 유지하는 DBC, GSG 같은 ETF가 있는가 하면, 롤오버 전략을 액티브하게 가져가는 PDBC 같은 ETF가 있다. 매니저가 액티브하게 운용을 잘 해주면 좋지만 매니저 리스크가 있을 수 있다.

2 | PDBC Invesco Optimum Yield Diversified Commodity Strategy No K-1 ETF

DBC와 비슷하나 액티브하게 운영된다. 기계적인 시점에 선물을 매수한다기보다는 트레이더가 상황에 따라 재량껏 하는 듯하다. 또한 선물 외에 스왑이라는 특수한 계약을 이용해 원자재 가격을 추종한다. DBC보다 수익률이 좀 더 잘 나와 현재 Commodity ETF 중 시가총액 1위이다. 수수료도 DBC보다 저렴하다.

3 | GSG iShares S&P GSCI Commodity-Indexed Trust

S&P GSCI를 벤치마크[28]로 삼는다. S&P GSCI 선물 하나만을 기초자산으로 한다는 차이가 있다. 원자재와 관련된 가장 오래된 벤치마크 지수이다.

위에서 언급한 3가지의 ETF 외에도 수없이 많은 ETF가 있으나 설명은 생략하겠다. 개인적인 취향이 있다면 언급한 것 외의 ETF를 선택해도 된다. 이 3가지 중에서 어떤 것을 선택해야 할까? 액티브하게 운영되는 게 찜찜하다면 DBC나 GSG를 선택하면 된다. DBC와 GSG의 차이는 에너지(원유)의 비율이다. DBC는 원유와 천연가스 비중이 55%이고, GSG는 62%이다. 둘 중 어떤 것을 선택할지는 투자자의 취향이다. 원유에 비중을 더 두고 싶으면, GSG를 사면 되고, 원유 비중이 부담스러우면 DBC를 사면 된다. 액티브하게 운용되는 PDBC를 사는 것은 상대적으로 과감한 선택이라고 할 수 있다. 하지만 벤치마크 인덱스보다 더 좋은 성과가 날 수도 있고, 또 비용이 저렴하다는 장점이 있다. 이

중에서는 무엇을 선택해도 괜찮다.

■ 원자재 ETF의 문제점 – 현물 가격과 ETF의 괴리

롤오버에서도 설명했듯 원자재는 현물 가격과 ETF 가격이 구조적
으로 다르다. 롤오버 비용이 쌓이면 가격이 새어나가 장기적으로 현물
가격을 추종할 수 없다.

■ **그림 4-18** | DJ 원자재 현물 가격과 롤오버 과정에서 발생하는 수익 등을 모두 반영한
가격의 괴리(2003~2013년)

[그림 4-18]에서 보듯, 원자재의 현물 가격(주황색)은 181% 상승했
으나 같은 기간 동안 ETF 가격(회색)은 37%만 올랐다. 이렇게 현물과

ETF의 괴리가 크기에 포트폴리오에서 원자재를 높은 비율로 투자하는 것은 어렵다. 다만, 주식이나 채권과는 다르게 움직이는 자산군이므로 반드시 포트폴리오에 포함해야 한다. 두 자산군보다는 작은 비율인 5~10%가 적당하다. 이러한 위험에 대해 알고 있는 일부 헤지펀드는 원자재 ETF에 투자하지 않고, 원유회사에 투자하는 것을 선택한다. 인플레이션이 급격하게 높아지는 1970년대 같은 상황이 다시 왔을 때 주식시장은 모두 하락할 것이고, 아무리 원유 관련 주식이라고 해도 주식이라는 자산군이 가진 근본적인 리스크에서 벗어나기 어렵다. 그러므로 원자재 선물 가격을 추종하는 ETF에 투자하는 것이 더 바람직하다. 1970년부터의 상관관계를 구하진 못했으나 1990년대 이후 미국 S&P500과 미국 에너지 섹터의 월별 상관관계는 0.63이다.[29] 0.63이면 가격이 비슷하게 움직인다. 원자재 선물 ETF를 보유하는 것이 인플레이션 헤지에 도움이 된다는 것은 인플레이션과 각 자산군 간의 상관관계를 구해보면 더욱 정확해진다.

[표 4-3]을 보자. 1959년부터 2014년까지 인플레이션과 각 자산군의 상관관계를 월, 분기, 연별로 구하였는데, 주식과 채권은 인플레이션과 반대로 움직이는 데 반해 원자재 가격은 인플레이션과 비슷한 방

■ 표 4-3 | 인플레이션과 주식, 채권, 원자재 선물가격의 1개월, 1분기, 1년, 5년 상관관계[30]

	주식	채권	원자재 선물
월간	−0.08	−0.18	0.09
분기간	−0.08	−0.23	0.24
연간	−0.13	−0.29	0.33
5년간	−0.10	−0.20	0.47

향으로 움직인 것을 알 수 있다.

인플레이션에 강한 물가연동채

금과 원자재 외에 갑작스러운 인플레이션 상승에 강한 자산군이 있다. 물가연동채 TIPS, Treasury Inflation-Protected Securities 이다. 물가연동채는 미국 재무부가 발행한 채권으로 가격과 쿠폰이자가 CPI Consumer Price Index 에 영향을 받는 상품이다. 재무부 입장에서 물가연동채의 조달금리는 일반 채권보다 낮기 때문에 물가연동채 발행은 나쁘지 않은 선택이다. 물가연동채는 투자자에게도 갑작스러운 인플레이션에 대응할 수 있어서 좋은 자산이다.[31]

 단테의 도움말

CPI(Consumer Price Index/소비자물가지수)[32]
소비자가 구입하는 상품이나 서비스의 가격변동을 나타내는 지수로 주거비, 의류비, 교통비, 교육비, 의료비, 식비 등등의 가격 등으로 구성된다. 즉 소비자가 느끼는 생활물가를 말한다.
인플레이션이 극심하게 올라갔음에도 불구하고 금의 가격이 오르지 않는 경우가 있다. 투자자들이 금 투자에 매력을 잃거나 수급에 문제가 발생할 수 있기 때문이다. 원자재도 비슷한 논리로 가격이 상승하지 않을 수 있다. 하지만 물가연동채는 근본적으로 CPI와 연동이 되어있으므로 생활물가가 오른다면 반드시 물가연동채의 시장가격 역시 오른다.

인플레이션에 강한 신흥국 채권

이머징 국가(혹은 신흥국)는 아직 선진국은 아니지만, 발전의 속도가 빠른 국가들을 의미한다. 이 국가들은 부가가치가 별로 높지 않은 제품이나 원자재를 주로 수출한다. 브라질이나 인도네시아, 멕시코 등이 대표적인 이머징 국가이다. 한국도 MSCI 기준으로는 이머징 국가로 분류되지만 이미 반도체, 자동차 등 고부가가치 상품들을 수출하여 일반적인 이머징 국가들과는 경제 상황이 다르다.◆

■ **그림 4-19 | 1967~2015년 달러 인덱스[33]**

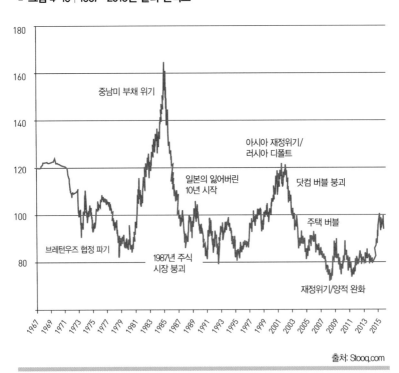

출처: Stooq.com

◆ 한국은 FTSE 기준으로는 선진국 지수에 포함되어 있다. 한국을 이머징으로 정의할지 선진국으로 정의할 것인지는 어려운 문제이다.

이머징 마켓 채권이 인플레이션에 강한 자산군인 이유는 이머징 국가 대부분이 자원 부국이고 원자재를 수출하기 때문이다. 이머징마켓 채권들 중에는 지역화폐(로컬화폐)로 발행된 것과 달러로 발행된 것이 있는데, 올웨더에서는 지역화폐로 된 채권에 투자한다. 달러화가 최고의 안전자산인데 군이 다른 화폐 자산이 필요한가라는 의문이 들 수도 있지만, 인플레이션이 높은 시기에는 달러화의 가치가 떨어진다.

[그림 4-19]은 달러 인덱스를 1967년부터 2015년까지 그린 것이다. 달러 인덱스란 세계 주요 6개국 통화에 대비하여 달러화의 평균적인 가치를 나타내는 지표이다. 미국의 인플레이션이 극심했던 1970년대에는 달러의 가치가 급감하였다.

이런 상황에서 포트폴리오의 자산을 안정적으로 상승시키기 위해서는 달러 외에 다른 통화에 대한 노출이 필요하다. 우리가 투자하는 EMLC VanEck Vectors J.P. Morgan EM Local Currency Bond ETF 의 국가별 비중은 [표 4-4] 와 같다. [34]

■ 표 4-4 │ 신흥국 채권에서 비율 상위 10개의 국가

국가 이름	비중 (%)	국가 이름	비중 (%)
브라질	9.51	폴란드	7.50
인도네시아	9.36	러시아	5.75
멕시코	9.31	콜롬비아	4.78
태국	8.51	말레이시아	4.34
남아공	7.71	초국가채권	4.33

초국가채권 Supranational Bond

초국가적인 집단(대표적으로 EU)이 발행한 채권이다. EMLC의 펀드 소개서에는 초국가채권이 어느 집단을 의미하는 것인지 정확히 나와 있지 않지만, 아세안(Association of Southeast Asian Nations/동남아 국가연합)으로 추측된다.

우리가 투자할 EMLC는 JP모건에서 나온 JPM의 ELMI+ 지수(J.P. Morgan's Emerging Local Markets Index Plus)를 추종한다. 1994년부터 2019년까지 이 지수의 연평균 수익률은 5.39%, 연간변동성은 8.39%이며 준수한 수익률을 보인다. 다만 1990년대 이후는 저(低)인플레이션 시대여서 로컬화폐를 기반으로 한 이머징 국가 채권의 수익이 상대적으로 낮았다.

지금까지 인플레이션이 높은 시기에 상승하는 자산군에 대해 알아봤다. 어느 자산군에 투자하는 것이 좋을까? 각각 장단점이 있다. 완벽하게 대응이 가능한 자산이 있다면 거기에만 투자하면 되겠지만, 그 시기를 맞추기는 매우 어렵다. 각 자산에 조금씩 분산해 투자하는 것이 무난하겠다.

완벽한 투자에 대한 레이 달리오의 답:
올웨더 포트폴리오

레이 달리오는 나이 들어가며 자신이 존재하지 않더라도 누군가 가족의 자산을 안정적으로 운영했으면 좋겠다는 생각을 하게 되었다. 하지만 그는 자산운용업에 대해 잘 알고 있었다. 아무리 좋은 펀드에 투자해도 매니저가 바뀌거나 회사의 정책이 바뀜에 따라 펀드의 성적이 곤두박질치는 경우가 많다. 잘나가던 회사들이 망하는 경우도 수두룩하다. 그래서 그는 매니저와 상관없이 규칙 기반으로 돌아가는, 시대와 환경을 초월해서 잘 동작하는 투자 포트폴리오를 만들고 싶어했다. 이런 포트폴리오를 고안하기 위해 그는 기본으로 다시 돌아갔다.

현금과 투자자산들을 교환*하는 행위가 투자이다. 그렇다면 이 투자자산의 가격은 어떻게 결정될까? 레이 달리오는 투자자산의 가격은 그 자산군의 미래현금흐름에 기반해 정해진다고 생각했다. 이 미래현금흐름은 현재가치로 할인된다. 주식을 예로 들어보면, 주식의 가격은 그 회사가 벌게 될 미래의 이익을 현재가치로 할인하여 결정된다. 그런데 미래의 이익은 전적으로 투자자들의 기대치를 반영한다. 그러므로 주식의 가격은 경제성장 혹은 회사의 이익이 예상치보다 높을 때 올라간다. 반대의 상황에서는 떨어진다. 시장의 기대치보다 더 좋았는가 혹은 덜 좋았는가가 가격에 바로바로 반영된다. 많은 액티브 투자자는

❖   현금을 자유롭게 이동할 수 있는 유동성을 잃지만, 투자의 대가로 프리미엄을 얻는다.

이러한 반응을 예상하고, 그 예상에 따라 가격이 오를 자산을 미리 매수하지만 이러한 방법은 아주 험난한 길이다. 심지어 이런 베팅 방식은 브리지워터 같은 대형 헤지펀드에게도 어려운 일이었다. 그들도 언제나 맞출 수는 없기 때문이다.

특히 레이는 시장의 가격이 자신의 예상과 다르게 움직이는 상황을 많이 발견했다. 가령, 그는 1971년의 닉슨 쇼크*가 주식시장의 큰 악재가 될 것이라 생각했다. 미국달러의 가치가 금에 연동되지 못하면 달러 가치가 하락하고, 달러 가치 하락은 미국주식에 악영향을 줄 것으로 예상했기 때문이다. 하지만, 다우 지수는 닉슨 쇼크 직후 4%나 상승했다**. 1982년에는 멕시코의 채무불이행으로 전 세계 경제가 침체에 빠질 것이라고 확신해서 경기침체에 베팅했으나 오히려 전 세계 경제는 성장을 지속하면서 그는 전 재산을 날리게 되었다. 그는 잘못된 베팅으로 브리지워터의 모든 직원을 내보내야 했다. 이런 뼈아픈 경험을 통해서 발상을 바꿔보면 어떨까 하는 생각을 하게 되었다. 예측하지 않고 투자를 해도 충분하다는 판단이 섰기 때문이다. 1987년 출시된 마이크로소프트의 엑셀을 다루기 시작하면서, 자산의 비중을 다양하게 바꾸어보며 포트폴리오의 수익이 어떻게 바뀌는지를 관찰했다.

올웨더의 기본철학은 모든 경제 상황에 대비하는 것으로부터 출발한다. 여기서 경제 상황은 어떻게 정의할 수 있을까? 레이는 경제 상황을 4가지로 분류했다.

◆　미국달러를 갖고 오면 일정량의 금을 바꿔주는 것을 보장했었는데, 그 제도를 폐지한 사건
◆◆　후에 이것은 닉슨 랠리라고 불렀다.

1) 시장의 기대보다 경제성장이 클 때
2) 시장의 기대보다 경제성장이 작을 때
3) 시장의 기대보다 인플레이션이 클 때
4) 시장의 기대보다 인플레이션이 작을 때

각각의 상황에는 특정 자산군이 수익률이 좋고, 특정 자산군의 수익률이 나빠진다. 각각의 상황에서 어떠한지 구체적으로 살펴보자.

시장의 기대보다 경제성장이 클 때

시장의 기대보다 경제성장이 클 때는 어떻게 될까? 미래에 대한 기대감이 커지며 주가가 오른다. 2017년의 삼성전자 같은 상황이다. 2016년까지만 해도 반도체의 수요가 커질 것으로 예상하지 못했는데, 스마트폰, 클라우드, 그리고 인공지능이 발전함에 따라 반도체 수요가 폭발하였다. 그 결과 삼성전자 주가는 수직 상승했다. 이럴 때는 회사채 시장도 좋다. 회사들에 돈을 빌려줘도 부채 상환에 문제없기 때문이다. 물건들이 많이 생산되며 원자재의 가격도 올라간다. 원자재를 주로 수출하는 국가인 이머징 국가들의 환율이 오르며 이머징 국가 채권의 가격 또한 오르게 된다.

시장의 기대보다 경제성장이 작을 때

닷컴 버블이나 서브프라임 경제위기 등을 생각하면 된다. 중앙은행은 금리를 인하하게 되고, 금리를 인하하는 경우 채권(미국채, 물가연동채)

의 가격이 오르게 된다. 금리가 인하되면 새로 발행되는 채권 대비 기발행된 채권의 매력도가 올라가며 그것이 가격에 즉각적으로 반영된다.

시장의 기대보다 인플레이션이 클 때

오일 쇼크가 좋은 예이다. 오일 쇼크란 1970년대 원유를 생산하는 국가들이 갑자기 공급을 줄이며 원유의 가격이 급등한 사건이다. 이럴 때는 원유를 비롯한 실물자산들의 가격이 오르게 된다. 실물자산의 대표로는 원유와 금이 있다. 그 외에 물가연동채의 가격도 오른다. 인플레이션이 높을 때는 소비자 물가도 오를 수밖에 없다. 이머징 국가의 채권이 좋은 이유는 이들이 주로 실물자산을 수출하는 국가이기 때문이다. 이머징 국가의 화폐는 달러화 가치 하락에 비해 상대적인 수혜를 본다.

시장의 기대보다 인플레이션이 작을 때

시장의 기대보다 인플레이션이 낮다는 것은 금리를 추가로 인하할 여력이 있다는 의미이다. 금리를 낮추면 회사들은 자금조달을 손쉽게 할 수 있어서 이익을 내기가 쉬워진다. 채권 역시 금리가 떨어짐에 따라 그 가치가 상승한다*. 그 결과 주식과 채권의 가격이 모두 오른다.

이런 생각이 들 수도 있다. 어떤 자산군들은 오르고 어떤 자산군들은 떨어지므로 상계를 하고 나면 결국 제자리 아닌가? 그렇지 않다. 이것은 과거 데이터를 구해 계산해보면** 분명해진다. 위에서 언급한

4가지 경제 상황과 그때 가격이 상승하는 자산군을 표로 그려보면 [표4-5]와 같다.

■ 표 4–5 | 각 경제 상황과 상승하는 자산군

	경제성장	인플레이션
기대보다 높을 때	주식 회사채 원자재/금 신흥국 채권	물가 연동 채권 원자재/금 신흥국 채권
기대보다 낮을 때	명목 채권 물가 연동 채권	명목 채권 주식

완벽하진 않지만, 10년 정도의 시계열로 살펴보면 각각을 대표하는 시기는 다음과 같다.

- 경제성장이 기대보다 높으며 인플레이션이 기대보다 낮았던 시기는 1990년대의 미국이다.
- 경제성장이 기대보다 높으며 인플레이션이 기대보다 높았던 시기는 1980년대의 미국이다.
- 경제성장이 기대보다 낮으며 인플레이션이 기대보다 높았던 시기는 1970년대의 미국이다.
- 경제성장이 기대보다 낮으며 인플레이션이 기대보다 낮았던 시기는 1990년대의 일본이다.
- 이렇게 특정 시기는 경제성장이 기대보다 높거나 낮고, 인플레이션도 기대보다 높거나 낮다.

◆ 기존에 발행된 채권은 이미 미래현금흐름이 정해져 있다. 금리 인하 시에 새롭게 발행되는 채권들은 낮은 금리 때문에 미래현금흐름이 기발행된 채권에 비해 작을 수밖에 없다. 기발행된 채권들은 고평가받고 그 것은 가격에 반영된다.

◆◆ 이것을 백테스트라고 한다.

자산군의
투자 비율 정하기

레이 달리오는 토니 로빈스와 인터뷰한 책《머니》에서 자신이 생각하는 올웨더 포트폴리오의 비율을 공개했다.* 그 책에서는 주식 30%, 장기채 40%, 중기채 15%, 원자재 7.5%, 금 7.5%의 비율을 추천했다. 필자의 올웨더 포트폴리오는 그 비율에서 출발했다. 장기채와 중기채를 합친 비율이 55%인데 여기에 명목 채권, 물가연동채, 회사채, 신흥국 채권을 배치한다. 2020년 1월 기준, 미국에 상장된 ETF를 기준으로 가장 가까운 자산을 골라보면 아래와 같다.

■ **표 4-6 | 각 채권 자산군의 듀레이션**(2020년 1월 기준)

ETF 이름	ETF 설명	듀레이션
EDV	미국 명목 채권 초장기채(제로쿠폰)	24.3
LTPZ	물가연동채 장기채	21.23
VCLT	미국 회사 장기채	13.72
EMLC	신흥국 채권(로컬화폐)	5.29

EDV와 LTPZ에는 큰 문제가 없으나 VCLT와 EMLC는 듀레이션이 나머지 두 자산에 비해 많이 부족하다. 이보다 듀레이션이 더 큰 ETF는 없다. VCLT와 EMLC는 성장이 높을 때 상승하는 자산군들**인데, 이들

◆　이 포트폴리오의 공식 명칭은 올웨더와 비슷하지만 자산 비중은 다르므로 올시즌스 포트폴리오로 표현한다.
◆◆　[표4-5]의 왼쪽 위에 해당

의 듀레이션이 작기 때문에 성장이 높을 때 상대적으로 높은 수익을 거두기 힘들다.* VCLT와 EMLC를 동일 비율로 넣을 경우 두 자산군의 영향으로 포트폴리오의 전체 수익률이 낮아진다. 그래서 완벽하게 리스크의 균형을 맞추는 것은 양보하고, 신흥국 채권의 비율을 낮추었다. 남은 자산군 중에서 경제성장이 높을 때 잘 나갈만한 자산군인 주식의 비율을 높였다. 원자재 ETF는 선물로 구현되어 있으므로 콘탱고가 부담되어 비율을 더 높이지 못했다. EDV와 LTPZ는 비율을 똑같이 맞추었다. 주식의 비율을 어느 정도까지 올릴지에 대한 고민이 있었는데 적어도 30%는 넘어야 한다고 생각**했다. 결론적으로 주식 36%, 채권 50%, 금·원자재 14%의 비율로 시작하게 되었다.

투자 비율은 아래와 같다.

■ 표 4-7 | 올웨더 포트폴리오의 자산군별 비율

ETF 이름	자산군 이름	비율
VTI	미국 주식	12%
VEA	미국 외 선진국 주식	12%
VWO	신흥국 주식	12%
DBC	원자재	7%
IAU	금	7%
EDV	미국 제로쿠폰 장기채	18%
LTPZ	물가연동채(만기 15년 이상)	18%
VCLT	미국 회사채	7%
EMLC	신흥국 채권(로컬화폐)	7%

◆ 하이 리스크 하이 리턴이다. 듀레이션이 높은 자산군은 장기적으로 높은 수익률이 나올 것을 기대한다. 여기서 장기란 1~2년을 얘기하는 것이 아니고 20~30년 이상을 의미한다. 현시점에 장기채에 투자하는 게 괜찮은지에 대한 질문이 있을 수 있는데, 그 부분은 6장에서 설명할 예정이다.

◆◆ 올시즌스 포트폴리오에서도 주식의 비율은 30%이다.

이 구성과 비율로 투자를 시작한 후 연 단위로 특정일*에 리밸런싱하면 누구나 올웨더 포트폴리오 운영이 가능하다. 이 비율이 절대적인 것은 아니다. 투자를 시작하고자 하는 사람들에게 출발점이 되는 비율이라고 생각한다.

대체자산군 알아보기

올웨더 포트폴리오에는 담지 않았지만, 많은 사람이 관심을 갖거나 궁금해하는 자산군들에 대해 정리했다.

간편하게 할 수 있는 부동산 투자, 리츠

리츠 REITs, Real Estate Investment Trust 는 직접 부동산에 투자하기에는 부담스러운 사람을 위해 만들어진 간접 투자상품이다. 사모펀드, 공모펀드, 혹은 ETF의 형태가 있다. 투자자들로부터 투자금을 모아 상업용 오피스나 아파트 혹은 상업용 공장이나 창고 등 다양한 부동산에 투자한다. 월세나 매각을 통해 얻은 이익들은 다시 투자자에게 배당으로 돌아간다. 리츠에는 어떤 장단점이 있을까?

◆　　정확히 1년일 필요는 없다. 360일 혹은 370일 만에 리밸런싱해도 큰 문제는 없다.

장점

① 벌어들인 수익의 90%를 배당하면 세금을 내지 않아도 된다

미국 리츠에 해당되는 이야기다. 미국법인은 일반적으로 배당 여부와 상관없이 수익에 비례하여 법인세를 내야 한다. 하지만 리츠는 수익의 90%를 배당하면 법인세를 면제받는다. 면제받은 세금의 혜택은 투자자에게 흘러간다.

② 인플레이션에 강하다

부동산에 근본이 되는 비용은 무엇일까? 물자와 노동이다. 이 두 가지는 인플레이션이 상승할 때 같이 올라가는 자산이다. 인플레이션이 높아지면, 현재의 부동산을 대체할만한 유인*이 줄어들게 된다. 따라서, 높은 시장 가격에 의해 크게 타격받지 않을 것이다. 장기간 고정가격으로 임대계약을 한 경우에는 더더욱 인플레이션의 영향을 받지 않는다.

③ 높은 수익률

가장 믿을만한 운용사 중의 하나인 뱅가드에서 나온 VGSIX Vanguard REITs Index Fund는 1997년부터 2019년까지 운영되었는데, 연평균 수익률이 9.2%나 된다. 다른 자산군에 비해 높다.

◆ 부동산을 건설하는 비용이 많이 든다

① 부동산은 극심한 인플레이션에는 강하지 않다

적당한 인플레이션을 방어할 수 있지만 극심한 인플레이션은 방어하지 못했다. 극심한 인플레이션은 1970년대와 같은 상황을 말하는데, 당시 FTSE Nareit All REITs 인덱스는 1974년에 고점 대비 58% 폭락했다. 연간 기준이라 일간 기준으로 하면 70%까지도 떨어졌을 것으로 예상한다. 1970년대는 갑작스럽게 인플레이션이 올라가면서 기업들의 상황이 좋지 못했음에도 중앙은행은 물가를 잡기 위해 기준금리를 올렸다. 그에 따라 많은 기업이 도산하였다. 기업들이 문을 닫으며 사무실에서 자연스럽게 철수하게 되었고, 리츠는 폭락했다.

② 운영하는 회사와 금융상품 구조를 믿을 만한가?

이것은 데이비드 스웬슨David Swensen◆도 지적했던 문제이다. 현재 리츠 상품들은 수많은 회사에서 만들어지고 있다. 수익이 어떻게 만들어지고 거기서 비용은 어떻게 계산하며 그것이 다시 어떻게 배당되는지는 리츠마다 모두 다르다. 특정 상품은 운용사가 대부분의 수수료를 가져가서 투자자에게 돌아가는 수익이 적은 경우도 있다. 구조가 불투명하거나 알 수 없는 리스크가 있기도 하다. 그래서 투자자는 자신이 투자할 리츠의 구조를 꼼꼼히 공부해야 한다.

◆　예일대학교 기금을 34년간 30배나 불린 기금운용계의 워런 버핏으로 불리는 유명 투자자.

③ 어느 지역에 투자하는가?

어느 지역에 투자하는 리츠인지도 중요하다. 부동산의 투자 가치는 지역에도 큰 영향을 받기 때문이다.

리츠 투자에 대한 결론

특히 위험 ①은 치명적이다. 상업용 부동산은 갑작스러운 인플레이션 상승에서는 큰 힘을 내지 못할 것이다. 다만, 1970년대 데이터는 상업용 부동산을 대상으로 했으므로 주거용 부동산을 포함시킨다면 다른 결과가 나올 수 있다. 아쉽게도 주거용 리츠의 가격 데이터는 없다. 위험 ②나 ③은 뱅가드에서 나온 리츠 인덱스 ETF[VNQ]를 사면 거의 해결된다. 주식과 마찬가지로, 개별자산은 위험하지만 전체에 시가총액 가중으로 투자하는 방식이어서 더 안전하기 때문이다.

리츠가 또 하나의 투자자산군으로 인정받아야 하는가에 대한 논문도 최근에 나왔다. 이 논문에 따르면, 리츠의 과거 데이터를 기반으로 다른 자산군에 비해 통계적으로 유의미한 초과수익이 없고, 리츠와 비슷한 수익률을 내는 다른 방법이 존재*한다. 이러한 이유로 이 논문에서는 리츠는 투자자산군이 아니라는 결론을 내렸다. 인플레이션 헤지의 관점에서 봤을 때는 리츠는 부족하다고 생각하지만, 경기가 좋을 때 상승하는 자산을 다각화하고, 부동산에 투자하고 싶다면 투자를 고려할만하다. 이 책에서의 올웨더에는 리츠를 편입하지 않을 것이다.

◆　미국 소형주와 및 장기 회사채를 섞어 투자하고 정기적(1년 혹은 6개월 간격으로)으로 리밸런싱

비트코인

비트코인은 독특한 자산군이다. 2008년 금융위기 이후 전 세계 중
앙은행은 많은 돈을 찍어냈다. 가진 자들의 자산을 받치기 위한 용도
로 화폐가 이용되는 것을 보며 많은 사람이 회의를 느꼈다. 그런 회의
를 느꼈던 사람 중 하나인 사토시 나카모토에 의해 비트코인이 탄생하
게 되었다. 그는 백서를 통해 화폐시스템의 핵심은 신뢰인데, 중앙은
행은 화폐의 가치를 계속 훼손하고 있다고 비판했다. 그 이후로 수많

■ **그림 4-20** | **미·중 무역갈등 시기 자산군의 가격변화**(2019년 5월~8월)

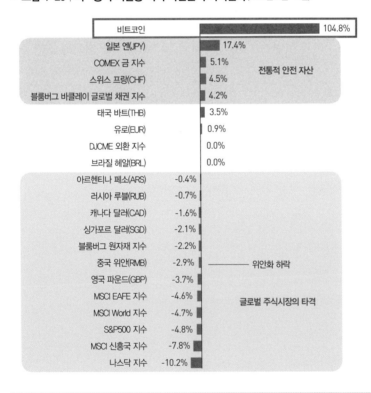

은 가상화폐가 쏟아져 나오게 되었고, 관심이 쏟아지면서 2018년 초에
는 그 가격이 절정에 이르러 많은 투자자를 끌어들였으나 곧 거품이 꺼
지면서 많은 투자자가 손해를 보았다. 그레이 스케일Grayscale이라는 가
상화폐 투자회사에서 발간한 리포트[37]에 따르면, 자산 배분 투자자 관
점에서 비트코인은 매력적인 자산군이다. 왜냐하면, 비트코인의 상관
관계가 다른 전통자산군에 비교해 낮기 때문이다. 데이터를 떠나서 논
리적으로도 그러하다. 비트코인은 기존 전통 금융시스템에 대한 불만

■ 그림 4-21 │ 주요 자산군과 비트코인과 월 단위 상관관계[38]

을 갖고 만들어진 자산군이다. 기존 전통적인 자산군의 가치가 떨어질수록 대안으로 만들어진 가상화폐에 더욱 신뢰가 높아진다.

2019년 미·중 무역갈등으로 전 세계 투자자들은 위기를 느꼈고 그결과 많은 자산군의 가격이 떨어졌다. 하지만 비트코인은 이 시기에 가장 많이 올랐다.

비록 5년이지만 비트코인과 다른 자산군의 상관관계는 인상적이다. 상관관계가 다른 자산들 대비 아주 낮다. 비트코인이 자산 배분 전략에 포함되면 리스크 대비 수익률이 향상될 가능성이 높다. 상관관계가 낮기 때문에 그레이스케일에서는 자산 배분 전략의 대표격인 60/40에 비트코인을 넣는 전략을 제안했다. [그림 4-22]에 따르면 2013년부터 2019년 8월까지 모든 지표가 향상되었다. 비트코인은 변동성이 커

■ 그림 4-22 | 60/40에 비트코인을 포함했을 때 수익률과 각종 지표

포트폴리오	글로벌 60/40	글로벌 60/40+1% 비트코인	글로벌 60/40+3% 비트코인	글로벌 60/40+5% 비트코인
누적 수익(%)	41.3%	50.1%	68.9%	89.8%
연간 수익(%)	6.1%	7.1%	9.3%	11.5%
연간 리스트(% Std Dev)	7.7%	7.7%	7.9%	8.5%
샤프지수	0.68	0.83	1.08	1.27
연간 수익의 변화(%)	–	1.1%	3.3%	5.5%
연간 리스크의 변화(%)	–	0.0%	0.2%	0.7%
수익 개선률	–	21%	58%	86%

그레이스케일에서도 전체 자산의 5%까지가 적당하다는 의견을 제시했다. 비트코인은 무조건 투자해야 한다고 생각하지 않는다. 보수적으로 생각하면 가상화폐가 자산군으로 인정받지 못할 수 있다. 미국 정부가 비트코인의 소유를 금지하는 법안을 강행*할지도 모르는 일이다. 이 부분이 불편하다면, 비트코인을 담을 필요가 없다. 하지만 높은 수익률과 리스크를 추구하고자 한다면 전체 자산의 5% 이내의 범위에서 접근해보자.

브리지워터의 투자 비율

주식 운용자산의 규모가 1억 달러가 넘는 기관투자자는 미국증권

■ 표 4-8 | 브리지워터의 보유 주식과 그 비율

종목	설명	비율(%)
VWO	이머징 국가 ETF	15.86
SPY	미국 대형주(S&P500) ETF	15.58
IEMG	이머징 국가 ETF	9.41
EEM	이머징 국가 ETF	8.65
IVV	미국 대형주(S&P500) ETF	5.06
GLD	금 ETF	4.24
EWZ	브라질주식 ETF	3.23
LQD	투자적격 등급 회사채 ETF	2.57
HYG	하이일드 회사채 ETF	2.2
TLT	미국 장기채 ETF	2.09

◆　미국에서는 1941년에 금의 사적 소유가 금지되었다.

거래위원회(이하 SEC)에 분기별로 어떤 주식, ETF를 보유 중인지 공개해야 한다. 브리지워터도 오랫동안 이 비율을 공개했는데 가장 최근에 공개한 투자 비율(2019년 9월)은 아래와 같다. 전체 포트폴리오에서 1% 이하로 보유한 주식들은 너무 많아서 생략했다. 2% 이상 보유한 주식들의 비율이 전체 포트폴리오의 78%에 이르므로 큰 문제는 없다.

이 책에서 설명한 올웨더 포트폴리오의 구성과는 많이 다르다. 어떻게 된 일일까?

브리지워터의 모든 '미국주식 자산'에 대한 공개자료이다

브리지워터는 올웨더 펀드만 운영하는 것이 아니라 퓨어알파 펀드 등 다양한 펀드를 운영 중이다. SEC에 공개한 자료들은 이 회사가 갖고 있는 모든 자산에 대한 공개자료이므로 두 펀드에서 운용 중인 자산이 모두 섞여 있다. 또한, 브리지워터는 미국 외 국가에도 직접 투자하고 있다. 그 국가에서의 포지션은 공개되어 있지 않다.

채권, 원자재 등은 ETF를 통해 운영하지 않는다

브리지워터같이 수백조 원에 이르는 금액을 운용하는 회사는 채권 ETF를 편입할 필요가 없다. 그들이 직접 운용하는 채권의 규모가 채권 ETF 대부분의 시가총액보다 크기 때문이다. 브리지워터가 ETF에 투자하는 상황에서 리밸런싱을 한다면 해당 ETF의 가격이 크게 영향받을 수밖에 없다. 극단적으로는 유동성 공급자들이 감당할 수 없는 규모의 자금을 매수하거나 매도하여 투자자의 손해로 이어질 것이다. 더군다나 브리지워터로서는 ETF를 이용할 때 발생하는 비용-expense ratio도 절약할 수 있다. 올웨더 펀드가 시작된 시점이 1996년인데 당시에는 쓸만한 채권 ETF도 없었다. 또한 브리지워터는 채권을 레버리지하므로 ETF를 더더욱 이용할 이유*가 없다.

핵심 👁 정리

- 특정 국가에 자금을 집중하여 투자하는 것은 매우 위험하다.
- 주식만 100% 갖고 있다 보면 10~20년에 한 번씩은 절반 이상의 자산이 사라질 수 있다.
- 주식과 채권은 일반적으로는 반대로 움직이기 때문에 둘 다 보유한다면 포트폴리오의 수익을 잘 지킬 수 있다.
- 주식을 60%, 채권을 40% 투자하는 전략을 60/40 전략이라고 하는데, 자산 배분 전략의 기본으로 인정받고 있다.
- 60/40 전략은 주식의 수익에 따라 포트폴리오 전체가 영향을 받는다는 문제가 있고, 그것을 보완하기 위해 리스크 패리티 전략이 소개되었다.
- 리스크 패리티 전략에서는 장기채를 즐겨 이용하는데, 장기채는 갑작스러운 인플레이션에 치명적이다. 인플레이션에 대응할 수 있는 자산들이 필요하다.
- 브리지워터의 올웨더 전략에 부동산 리츠나 비트코인을 섞어서 좀 더 공격적으로 투자할 수도 있다.

◆ 　채권을 레버리지한 ETF는 종류도 많지 않고 거래량도 미미하다.

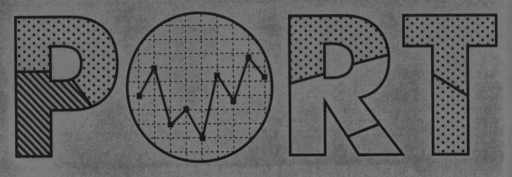

ALL WEATHER PORT

5장

투자 전 반드시 하자,
백테스트

A L L
WEATHER
PORTFOLIO

백테스트란 무엇인가?

백테스트는 계량투자자에게 축복과 같다. 계량투자는 매수·매도 규칙이 명확하므로 시간을 과거로 돌려 같은 전략을 그대로 실행했을 때의 수익률을 추측해볼 수 있다. 미국 S&P500* 60%, 미국 중기채 40%의 비율을 가져가며 매년 마지막 날에 리밸런싱을 하는 전략이 있다고 하자. 이 전략에 $10,000을 투자했을 때 2010년부터 2019년까지 어떤 결과가 나왔는지 백테스트 하려면 어떻게 해야 할까?

기초자산은 두 가지다. 하나는 미국 S&P500. 다행히 미국 시장에는

◆　　미국주식의 대형주 주가지수

S&P500지수와 똑같이 가격이 움직이는 ETF인 SPY(SPDR S&P500)가 있다. 투자자 입장에서 이 SPY만 사면, 특별한 노력 없이 S&P500에 있는 종목을 시가총액 가중으로 보유할 수 있다. 다른 자산군은 미국 중기채이다. 미국 중기채도 여러 상품이 있으나 가장 대표적인 ETF는 IEF(iShares 7-10 Year Treasury Bond)이다. 다음으로 이들의 가격데이터를 구해보자. ETF의 종가 데이터◆는 야후! 파이낸스 등을 통하여 구할 수 있다. 2010년부터 백테스트 하므로 2010년 1월 첫째 거래일에 SPY의 종가($93.24)를 투자금 $10,000의 60%인 $6,000으로 나눈다. 그러면 약 64.35가 나온다. 즉, $6,000으로 64주를 매수할 수 있다. 나머지 40%인 $4,000으로는 IEF를 매수한다. 2010년 1월 첫째 거래일의 종가는 $72.04고, 4,000/72.04=55.52이므로 55주를 매수할 수 있다. 이렇게 1년 보유 후 12월 말 리밸런싱하는 것이다.

리밸런싱이란 자산군의 비중을 원래 정해둔 대로◆◆ 맞추는 것이다. 2010년 12월 31일에 SPY의 주가는 $105.49이고, IEF의 주가는 $78.59이다. 계산의 편의상 리밸런싱은 그날의 종가가격으로 모두 매수·매도한다고 가정하자. 투자자가 갖고 있는 SPY의 전체가치는 $105.49×64주=$6,751.36이고, IEF의 전체가치는 $78.59×55주=$4,322.45이다. 처음에 우리가 유지하기로 했던 비율인 60%와 40%로 다시 맞춰야 한다. 전체가치가 6,751.36+4,322.45=11,073.81인데, SPY의 가치

◆　백테스트에서는 일반적으로 수정주가를 이용한다. 수정주가는 배당 재투자를 가정한 주가이다.

◆◆　여기서는 6:4 비율로 맞춘다.

는 11,1073.81의 60%($6,644.286)여야 한다. 현재 갖고 있는 SPY의 가치가 $6,751.36이므로, 이 차액($107.074)만큼 SPY를 판다. 주당 가격이 $105이니 1주만 판다. 매도로 얻은 현금만큼 다시 IEF를 매수(1주 매수)하면 리밸런싱이 끝난다. 그런데 IEF의 가격이 $78.59이므로 현금이 $30 정도 남는다. 이 정도의 오차는 수익률에 큰 영향을 주지 않으므로 무시해도 된다. 백테스트의 목적은 포트폴리오의 가격이 대체로 어떻게 변하는지 관찰하는 데에 있다. 칼같이 정확하지 않아도 된다. 실전에서 하루 이틀 틀려도 우리가 투자하는 자산들은 일간 변동폭이 크지 않으므로 걱정하지 않아도 된다.

 단테의 도움말

수정주가란 무엇인가?

한 주당 가격이 1만 원인 주식이 있고, 그 회사의 전체 발행 주식수는 100만 주라고 하자. 그러면 그 회사의 전체 가치는 1주당 주가에 전체 발행수를 곱해 100억 원이라고 할 수 있다. 이것을 시가총액이라고도 한다.

회사는 필요에 따라 주식 수를 늘리거나 줄일 수 있다. 예를 들면, 자본을 마련하기 위해 새로 주식을 발행하기도 하고(유상증자), 주식을 새로 발행하여 기존 주주에게 나눠주기도 하고(무상증자), 2주를 새로운 1주로 바꿔버리기도 한다(액면변경). 이렇게 주가가 변하는 이벤트는 많다. 만약 회사에 현금이 들어오거나 나가지 않는다면 일반적으로는 그런 이벤트가 지난 후에도 회사의 시가총액은 변하지 않게 된다. 하지만 회사의 발행 주식수의 변동이 생기고 그에 따라 주가도 바뀌게 된다.

무수정 주가의 데이터를 활용하여 투자자의 수익을 계산하는 경우 큰 오차가 발생할 수 있다. 주가만 보는 것은 투자자의 수익을 대변하지 못하기 때문이다. 이렇게 발행 주식수나 나누는 방식에 변동이 있어도 투자자의 수익을 고스란히 대변하도록 주가를 계산하는 방식이 있는데, 그것을 수정주가라고 한다. 수정주가를 통해 계산하면 실질적 수익률을 정확히 알 수 있다. 수정주가는 계산하는 시점 기준으로 매번 바뀐다. 2019년 10월 기준 SPY의 2010년 1월 4일 종가는 93.24이지만, 만약 SPY에서 액면분할이나 배당 등의 이벤트가 일어나면 이런 수정주가는 바뀔 수 있다. 백테스트에서 근본적으로 중요한 건 수정주가의 절대 수치가 아니라 각 자산군의 수익률이다. 수정주가의 절댓값이 바뀌는 것은 큰 이슈가 아니다. 백테스트를 할 때 수정주가를 이용해 계산하기도 하고, 수익률을 이용해 계산하기도 한다.

기초데이터 수집과 백테스트 도구

앞에서 백테스트가 어떤 흐름으로 진행되는지 간단히 설명했다. 백테스트의 특성상 반드시 과거 주식이나 펀드들의 데이터를 모으는 작업이 선행되어야 한다. 다행히 미국에 상장된 주식이나 ETF에 대한 과거 데이터를 구하기는 매우 쉽다. 야후! 파이낸스(https://finance.yahoo.com/)에만 들어가도 종목에 대한 기본 정보를 비롯해 과거의 가격 정보를 찾아볼 수 있다.

다른 전략들을 백테스트 하고 싶을 때에도 마찬가지로, 먼저 데이터를 구하고 정해진 날짜에 매수·매도했다고 계산하며 백테스트를 진행하면 된다. 처음 백테스트 할 때 각 종목의 가격 데이터를 찾아서 엑셀 같은 프로그램 등을 통해 계산하는 것은 그리 어렵지 않다. 문제는 매번 백테스트 하고 싶은 자산군이나 종목이 바뀐다는 데 있다. 그것을 매번 저장하고 또 꾸준히 업데이트하려면 큰 노력이 든다. 한두 번 정도는 기초적으로 어떻게 돌아가는지 이해하기 위해 수작업으로 할 수는 있겠으나 꾸준히 제대로 하고 싶다면, 포트폴리오 비주얼라이저 (https://www.portfoliovisualizer.com)를 이용할 것을 강력히 추천한다. 미국에 상장된 모든 주식과 ETF의 데이터가 있고, 위에서 했던 작업을 손쉽게 할 수 있기 때문이다.

포트폴리오
비주얼라이저 사용법

■ 그림 5-1 │ 포트폴리오 비주얼라이저에서 백테스트 하기

Backtest Portfolio Asset Allocation

This portfolio backtesting tool allows you to construct one or more portfolios based on the selected mut returns, risk characteristics, style exposures, and drawdowns. The results cover both returns and fund t decomposition by each portfolio asset. You can compare up to three different portfolios against the sele withdrawal cashflows and the preferred portfolio rebalancing strategy.

The related asset class level portfolio modeling tool allows you to analyze and compare asset class lev

Time Period ❶	Year-to-Year
Start Year ❶	2010
End Year ❶	2020
Initial Amount ❶	$ 10000 .00
Cashflows ❶	None
Rebalancing ❶	Rebalance annually
Display Income ❶	No
Benchmark ❶	None
Portfolio Names ❶	Default

포트폴리오 비주얼라이저의 사용법을 모두 설명할 수는 없지만, 앞에서 설명한 SPY와 IEF를 60%, 40% 비율로 백테스트 하는 방법을 예로 하겠다. 이 페이지(https://www.portfoliovisualizer.com/backtest-portfolio)로 접속하면 된다.

[그림 5-1]에서 보이는 각각의 항목을 살펴보자

- Time Period: 백테스트를 연 단위로 할지 혹은 월 단위로 할지 설정할 수 있다. Year-to-Year면 연 단위, Month-to-Month면 월 단위다.
- Start Year: 백테스트의 시작 연도.
- End Year: 백테스트가 끝나는 연도.
- Initial Amount: 백테스트 시작할 때 투입하는 투자자금.
- Periodic Adjustment: 일정 기간마다 투자금을 더욱 늘릴지 혹은 투자금을 찾을지 등을 의미.
- Rebalancing: 포트폴리오의 비율을 재조정하는 리밸런싱을 어떤 단위(년 혹은 월)로 할지 설정할 수 있다.
- Display Income: 분배금(배당금)을 표시하는 옵션이다. Yes라고 표시하는 경우에는 매년 배당금이 어떻게 되는지 살펴볼 수 있으며, 배당금을 재투자에 대한 옵션(Reinvest Dividends)도 있다.
- Benchmark: S&P500이나 코스피지수처럼 내 포트폴리오가 특정지수 대비 얼마나 훌륭한지 알아보기 위한 도구이다. 임의로 특정지수를 설정할 수 있다.

S&P500(SPY)과 미국 중기채(IEF)를 6:4의 비율로 2010년부터 2019년까지 투자한다면(앞으로는 미국 60/40으로 표기) 아래와 같이 입력한다.

1 | 기간을 설정 (2010년에 시작, 2019년에 끝남)
2 | Portfolio Assets의 Asset 1에 SPY와 60%
3 | Portfolio Assets의 Asset 2에 IEF와 40%
를 두고, Analyze Portfolio라는 버튼을 누르면 된다.

이렇게만 해도 백테스트가 끝난다. 힘들게 야후! 파이낸스에 들어가서 SPY와 IEF의 2010년부터 데이터를 일일이 다운받으며 백테스트하지 않아도 된다.

■ 그림 5-2 | Portfolio Visualizer에서 미국 60/40을 백테스트한 결과

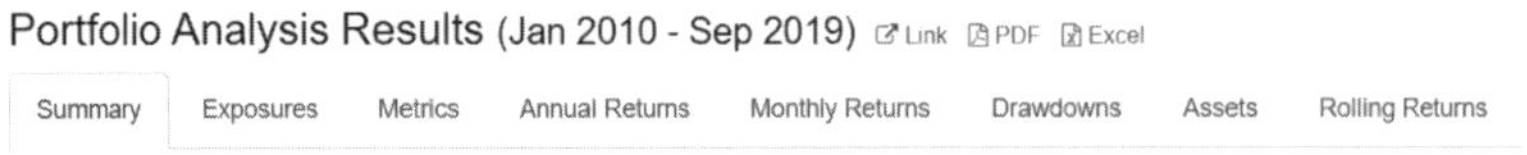

Portfolio Analysis Results (Jan 2010 - Sep 2019)
Link
PDF
Excel
Summary
Exposures
Metrics
Annual Returns
Monthly Returns
Drawdowns
Assets
Rolling Returns

■ 그림 5-3 | 미국 60/40 백테스트 결과 요약

30,000
22,500
15,000
7,500
0
2010
2011
2012
2013
2014
2015
2016
2017
2018
2019

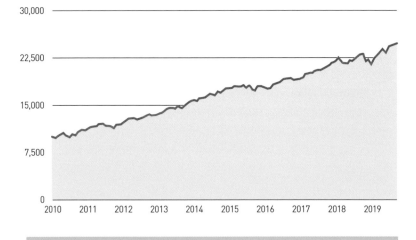

[그림 5-2]에서 볼 수 있듯, 결과에는 다양한 탭들이 있다.

· **Summary:** 누적수익률, 연평균수익률, MDD(최대 낙폭) 같은 데이터와 수익 곡선이 나온다. 백테스트 결과를 간단히 확인하려면 Summary만으로 충분하다.

Portfolio Returns										
Portfolio	Initial Balance	Final Balance	CAGR	Stdev	Best Year	Worst Year	Max. Drawdown	Sharpe Ratio	Sortino Ratio	US Mkt Correlation
Portfolio 1	$10,000	$24,776 ❶	9.75% ❶	6.79%	16.95%	-2.34%	-7.16% ❶	1.33	2.39	0.95

바로 위 Summary에서 볼 수 있듯, 이 전략의 연평균수익률CAGR은 9.75%이다. $10,000으로 투자를 시작하면 투자금은 $24,776으로 불어난다.◆([그림 5-3] 참고) 그 외에 최고의 해, 최악의 해, 미국 시장과의 상관관계도 알 수 있다.

· **Exposures:** 이 포트폴리오가 어떤 위험에 노출되어있는지 표시한 탭이다. 대형주에 치우쳐 있는지, 어떤 섹터들에 투자되고 있는지, 채권이 있다면 등급은 어떻고 만기는 어느 정도인지 나와 있다.

· **Metrics:** 연평균 수익률, 월평균 수익률을 산술평균과 기하평균으로 볼 수 있다. 대부분 자금을 복리로 운영하기 때문에 기하평균을 더 선호한다. 그 외에도 변동성이나 샤프지수 등을 확인할 수 있다. 그 외에도 다양한 지표들이 있다.

· **Annual Returns/Monthly Returns:** 연 단위/월 단위 수익이 어떻게 되는지 확인할 수 있다.

◆　계산이 복잡하여 세금은 제외한다.

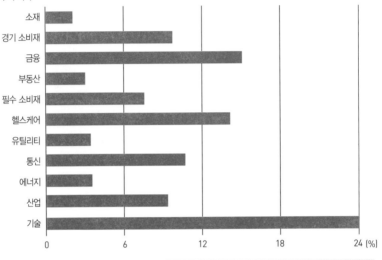

주식 섹터

Chart axis labels (vertical): 소재, 경기 소비재, 금융, 부동산, 필수 소비재, 헬스케어, 유틸리티, 통신, 에너지, 산업, 기술

Horizontal axis: 0, 6, 12, 18, 24 (%)

 단테의 도움말

샤프 지수 Sharpe Ratio

만약 A 포트폴리오의 수익률이 연평균 20%이고, B 포트폴리오의 연평균 수익률이 10%라면, 일반적으로 A를 더 선호할 것이다. 하지만 여기에 변동성 정보가 들어가면 조금 더 복잡해진다. 만약 A 포트폴리오의 수익 움직임(변동성)이 B와 비교했을 때 그 진폭이 크면 많은 수익이 발생했더라도 투자자의 마음고생이 심할 것이다. 이런 경우 끝까지 유지하지 못하는 투자자들도 많다. 그렇기 때문에 포트폴리오의 변동성 또한 그 포트폴리오가 얼마나 좋은지 평가하는데 좋은 지표가 된다. 샤프 지수는 분자에 수익률*을 두고, 분모에 포트폴리오의 변동성을 두고 계산한다. 결과로 나오는 샤프 지수만 봐도 이 포트폴리오가 쓸만한 것인지 아닌지 바로 판단할 수 있다. 숫자는 크면 클수록 좋다.

· **Drawdowns:** 손실 나는 구간을 확인할 수 있다. 필자는 Summary 다음으로 이 탭을 중요하게 본다.

최악의 상황을 통해 우리는 포트폴리오가 얼마나 강건한지 판단할 수 있다. 최악의 상황에서 포트폴리오를 더욱 업그레이드 할 수 있는 아이디어[**]도 떠오른다.

■ 그림 5-5 | Drawdowns 탭에서 확인 가능한 미국 60/40의 낙폭

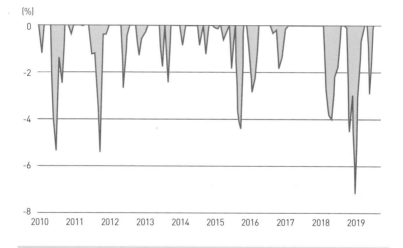

◆　　정확히는 무위험 수익률 대비 초과 수익률

◆◆　60/40 포트폴리오의 Drawdowns를 보면 대부분 주식이 부진할 때였다. 현명한 투자자라면 주식에 리스크가 너무 편중됐다는 생각을 하게 되고, 따라서 주식 외에 다른 자산군(채권) 등으로 리스크를 분산해야겠다는 결정을 내릴 수 있다.

[그림 5-5]를 보면 어느 시기에 손실을 봤는지, 그리고 손실의 폭이 어느 정도인지 알 수 있다. 2010년부터 2019년까지는 미국 60/40 전략에는 큰 손실구간이 없었다. 다만, 2018년 말 -7%까지 빠졌다.

· **Assets:** 포트폴리오 내에 있는 자산군의 상관관계가 나온다.
· **Rolling Returns:** 임의의 시점에 투자를 시작했을 때 수익률을 확인할 수 있다.

올웨더 포트폴리오 백테스트
(1926~2019년)

백테스트에 오일 쇼크와 대공황 시기가 포함되어야 하는 이유

이제 1926년으로 돌아가 올웨더 포트폴리오로 투자했을 때 어떤 결과가 나오는지 살펴보려고 한다. 이때, 앞서 추천했던 포트폴리오 비주얼라이저 사이트는 이용할 수 없다. 포트폴리오 비주얼라이저에는 1990년대 이전 데이터가 존재하지 않기 때문이다. 굳이 포트폴리오 비주얼라이저가 제공하지도 않는 시기까지 거슬러 올라가 백테스트 해야 할 필요가 있을까? 최근 시계열 데이터만 백테스트 해도 되지 않을까? 그렇지 않다. 우리는 최소 10년에서 50년 이상 투자를 할 것이기 때문이다. 지난 100년간 일어났던 사건들이 앞으로도 다른 모습으로 반복될 것이다. 그러므로 최대한 오랜 시기에 걸쳐 검증해야 한다.

1990년대 이전에도 전 세계에는 수많은 사건이 있었고, 그에 따라 자산군의 가격은 요동쳤다. 브리지워터에서 발간한 〈패러다임 시프트〉라는 문서에서도 1920년대부터 2010년대까지 각 자산군 데이터의 가격 움직임을 설명하고 있다. 〈패러다임 시프트〉에 대해서는 이 책의 후반부에 설명할 예정이다.

1970년대는 주목해볼 만한 시기이다. 오일 쇼크로 인해 1970년부터 1979년까지 미국의 인플레이션은 연평균 7.5%였다. 2010년대의 미국의 연평균 인플레이션은 1.7%이다. 2010년대를 살아가는 우리에게 높은 인플레이션은 절대 일어날 것 같지 않지만, 미래는 알 수 없다. 인플레이션이 언제까지나 지금 정도의 수준에서 잘 통제될 것이라는 생각은 위험하다. 50년 이상 투자를 생각한다면, 최근 100년 사이에 일어났던 사건들이 다른 형태로 일어날 수 있음을 명심해야 한다. 그러므로 백테스트 시 1970년대의 사건들을 반드시 포함시켜야 한다.

욕심을 더 부리면 1926년부터의 데이터까지도 고려되어야 한다. 1929년에 대공황이 시작되었기 때문이다. 대공황은 20세기 경제사에서 최악의 사건 중 하나로 미국의 주가지수가 무려 80% 이상 빠졌고, 미국 주가지수가 본전을 회복할 때까지 16년 이상 걸렸다. 이런 경제의 대참사 속에서 주요 자산군의 가격이 어떻게 움직였고, 올웨더 포트폴리오에는 어떤 영향을 주었는지 반드시 확인해야 한다. 그 외에도 20세기에는 1, 2차 세계대전이나 월남전, 걸프전, 닷컴버블, 동아시아 외환위기(한국의 IMF 위기) 등 다양한 사건이 있었다. 미래에 일어날 사건들도 위에서 언급됐던 사건들이 다른 형태로 일어날 것으로 생각한다. 이렇게 미리 자산가격들이 어떻게 변했는지에 대한 데이터를 갖고, 대비를 해두면 심리적으로 편히 대응할 수 있다.

백테스트 데이터

데이터를 구하는 과정은 상당히 번거롭다. 어떤 독자는 백테스트 결과만 보고 싶을 수도 있다. 그런데 왜 굳이 데이터를 구하는 방법을 알아야 할까? 백테스트를 직접 해봐야만 전략에 대한 이해도가 생기기 때문이다. 데이터를 구하는 과정에서 데이터에 어떤 빈틈이 있는지 생각하게 되고, 매수나 매도를 시뮬레이션하는 과정에서도 상황을 단순히 하기 위해서 여러 가정을 세우게 된다. 그 외에도 자신이 사용하는 파라미터들은 어떤 가정에 기반하고 있는지 데이터를 다루면서 알게 된다. 초보인 독자들 입장에서 데이터와 관련된 부분이 다소 버거울수도 있다. 너무 어렵게 생각된다면 일단 이 부분은 넘어갔다가 포트폴리오에 대한 이해가 생긴 후에 다시 읽는 것도 좋다.

■ 주식 데이터

이 책에서 1970년대 이전의 데이터는 미국 주가 데이터만을 이용했다. 해외 주가 데이터를 구하긴 했는데, 환율 문제가 걸리고 다양한 국가의 가격 데이터를 구하는 것이 현실적으로 어려웠다. 1972년부터 본격적으로 미국 외 국가의 주가 데이터를 활용했다. 1986년까지는 MSCI EAFE를 이용했다. 1987년부터는 MSCI EM 지수 데이터가 추가됐다.

MSCI EAFE? MSCI EM?

MSCI는 Morgan Stanley Capital International Index의 약자로 모건스탠리가 투자의 벤치마크를 만들기 위해서 만든 지수이다. MSCI EAFE(Europe, Australia and Far East)는 유럽과 호주, 일본 등의 선진국이 포함된 지수이다. 이 기준은 모건스탠리에서 임의로 판단해서 정한다. EAFE 지수를 추종하는 인덱스 펀드를 만들면, EAFE 지수에 포함된 국가에 시가총액 가중으로 투자한 것과 같은 수익률을 거둘 수 있다. 미국계 펀드의 90% 이상이 MSCI 지수를 벤치마크로 하는 펀드를 운용한다.

MSCI EAFE가 선진국을 포함하고 있는 데 반하여 MSCI EM(Emerging Market)은 신흥국들을 주로 담고 있다. MSCI EM에는 중국, 한국, 대만, 인도, 브라질, 아르헨티나, 체코, 이집트, 인도네시아 등이 포함되어 있다.

■ 채권 데이터

미국 재무부 채권

주식과 비슷한 정도의 변동성을 얻기 위해 제로쿠폰 채권(미국 초장기 채권)을 이용한다. EDV가 없을 때의 데이터는 공개된 미국의 채권금리 등을 통해 유추하여 계산하였다.

물가연동채TIPS

물가연동채는 올웨더 포트폴리오에서 가장 필요한 자산군이지만, 미국 재무부가 처음 발행한 시기는 1996년이다. 그러므로 1996년 이전의 데이터가 없어 정확한 백테스트는 불가능하다. * 과거 물가연동채

◆　영국 등에서는 물가연동채가 먼저 발행되었다.

가격이 어떤지는 학자마다 의견이 갈린다. 같은 만기의 재무부 명목 채권과 당시에 인플레이션을 예측하는 방식에 기반하여 추측해 볼 뿐이다.

신흥국 채권

신흥국이 정의된 시점이 1987년이다. 그래서 1987년 이전 데이터는 미국 장기채에 투자했다고 가정했다.

■ 원자재 데이터

가장 애매한 데이터가 원자재 데이터이다. 왜냐하면 1970년대 이전 원자재 투자에 대한 적당한 벤치마크가 없기 때문이다. 주식과 달리 원자재의 시가총액을 정의하는 것도 어려운 일이다. 최근의 가격과 매장량으로 할 수는 있으나 매장량을 정확히 구하는 것도 어려운 일이다. 원자재를 어떤 비율로 나눠서 투자해야 하는지를 정하는 것은 다소 작위적이다. 현재는 S&P GSCI Commodity Index TR이나 Deutsche Bank Liquid Commodities Indices를 따른다. 비율이 크게 다르지 않다. 관련 인덱스는 1970년대까지는 구할 수 있는데, 그 이전으로 가면 애매해진다. 1970년대의 원자재 사용 비율을 그대로 1930년대에 적용할 수 없기 때문이다. 1930년대만 해도 석유보다 석탄을 더 많이 사용했다.

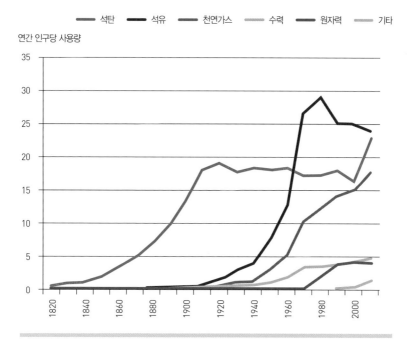

그래도 가장 학술적으로 추측하는 방식이 어떤 것이 있을까 고민을 하다 자프타Zapta와 디트레Detre의 연구[40]를 보니 1970년대 이전의 원자재의 전체 가격을 추측하기 위해 PPI를 사용했다. PPIProducer Price Index는 생산자 기준 원자재 물가이다. FRED에서 손쉽게 구할 수 있는 데이터이다.[41] 나도 자프타와 같이 1971년 이전 데이터는 PPI로 대신했다.

■ 데이터에 대한 결론

1970년대 이후의 데이터는 신용할 만하나 1970년대 이전의 데이터는 신용하기 어렵다. 과거 데이터는 정확하지 않다는 것을 인지하고 백테스트 결과를 감상하면 된다. 정확하지 않은 데이터로 백테스트를 진행했더라도 1970년 이전의 백테스트가 무의미하다고 생각하진 않는다. 1970년대 이전과 같은 경제 상황들이 얼마든지 일어날 수 있고, 그 상황에서의 대략적인 수익률을 추측할 수 있기 때문이다.

백테스트 결과

■ 올웨더 포트폴리오 백테스트 결과

백테스트 기간은 1926년부터 2019년까지 94년, 연평균수익률은 약 9.24%이다. 72의 법칙에 따르면 8년마다 자산이 2배가 됐다. 세금과 수수료는 제외했다. 수익률은 달러화 기준이다. 원화 기준 수익률에 대해서는 뒷부분에서 설명한다. $100으로 투자를 시작했다면, $370,260.26이 되어 약 3,700배 정도 늘어났다. 94년 동안 수익이 난 해는 74번, 손해가 난 해는 20번이다. -10% 이상 손실을 본 해는 5번에 불과하다. 백테스트 결과를 보면, 조건을 조금만 더 추가해서 손해가 전혀 나지 않도록 포트폴리오를 만들 수 있지 않을까 하는 생각이 바로 든다. 책의 뒷부분에서 서술하겠지만 동적자산 배분은 수익을 내기 몹시 어렵다. 백테스트에서 타이밍만 넣어도 한 해도 손해나지 않게 만들 수 있으나 과최적화로 빠지기 쉽기 때문이다. 오히려 백테스트 결과가 그렇게 나오는 전략이 있다면 의심해야 한다. 연 10% 이상 확실히 나는 전략, 그것도 우리 같은 개인이 손쉽게 생각할 수 있는 전략이 있다면 지구상에 존재하는 모든 기관투자자가 달려들 것이고, 결국 그 전략의 알파는 사라지게 된다.

■ 표 5-1 | 올웨더 포트폴리오 백테스트 결과

백테스트 기간	1926~2019년
연평균 수익률	9.24%
연간 변동성	13.34%
최악의 해 5년	−20.85% (1931년) −17.98% (1981년) −11.12% (1948년) −10.84% (1937년) −10.47% (1930년)
최대 낙폭MDD	−30%~−40%로 추정 (월간가격이 없어서 부정확함)
수익이 난 해 / 손해가 난 해	74 / 20

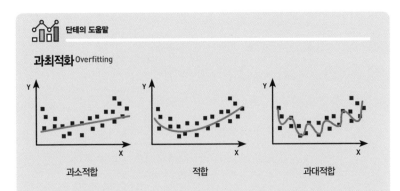

단테의 도움말

과최적화 Overfitting

과소적합　　　　　　적합　　　　　　과대적합

과거 데이터를 지나치게 학습한 나머지 미래의 데이터에 대해서는 정확도가 떨어지는 현상을 말한다. 원래는 머신러닝에서 사용하는 단어인데, 백테스트에서도 얼마든지 사용할 수 있다. 예를 들어 2005년부터 2019년까지 미국 주식시장에 대해서만 백테스트를 하다 보면, 하락장은 1년만 지속되고 끝난다고 판단할 수 있다. 이 백테스트를 기반으로 하면 1년 하락장이 지나면 투자금을 더 넣는 형태의 전략을 만들수도 있을 것이다. 하지만 닷컴 버블 때 미국장은 3년간 마이너스 수익을 냈고, 대공황 때는 4년 연속 마이너스였다.

■ 60/40 백테스트 결과

올웨더와 비교하기 위해 전통적인 자산 배분 포트폴리오인 60/40의 백테스트 결과도 넣었다. 60/40의 수익률도 연평균 8.68%로 크게 뒤지지는 않는다. 다만, 연평균 수익률 0.6%의 차이가 96년 동안 누적되면 결과가 크게 달라진다. 올웨더의 경우 원금을 3,700배로 불렸으나 60/40의 경우 2,500배 늘리는 데 그쳤다. 수익률이 아쉬운 것뿐 아니라, 최악의 해에 손실이 심하다. 주식과 채권의 손실이 클 때 그것을 만회하는 자산군이 포함되지 않아서 그렇다. 특히 2008년 서브프라임 위기에서 올웨더는 10% 이상의 손실이 발생하지 않았으나 60/40은 거의 20% 손실이 발생했다.

■ 표 5-2 | 60/40 백테스트 결과

백테스트 기간	1926~2019년
연평균 수익률	8.68%
연간 변동성	12.15%
최악의 해 5년	−26.93% (1931년) −20.39% (1937년) −19.01% (2008년) −13.15% (1974년) −12.25% (1930년)
최대 낙폭MDD	−40%~−50%로 추정 (월간가격이 없어서 부정확함)
수익이 난 해 / 손해가 난 해	75 / 19

■ **경제 위기 시 포트폴리오 수익률**

1926년부터 2019년까지 다양한 경제·정치 위기들이 있었다. 그때 어떤 일들이 있었고, 백테스트 기준 수익률이 어떻게 나왔는지 살펴보려 한다. 올웨더 외에도 60/40 전략의 수익률도 함께 살펴본다.

a. 대공황(1929~1939년)

주요 수익률

- 미국주식: −8.42%(1929), −24.90%(1930), −43.34%(1931), −8.19%(1932), −35.03%(1937)
- 올웨더: −10.47%(1930), −20.85%(1931), −10.84%(1937)
- 60/40: −2.65%(1929), −12.25%(1930), −26.93%(1931), −1.39%(1932), −20.39%(1937)

1920년대가 끝나갈 무렵 전 세계는 역대 최악의 경제 위기를 맞이했다. 대공황이다. 알 수 없는 이유로 갑자기 사람들의 소비가 급격하게 줄었고, 그에 따라 기업의 이윤도 많이 줄었다. 미국의 GDP는 무려 60%나 증발하였고, 거리에 실업자들이 쏟아지게 되었다. 미국주식의 시가총액은 3년 만에 88%나 감소했다. 이 시기에는 어떤 자산 배분 전략도 소용이 없었다. 올웨더도 다르진 않았다. 올웨더 전략의 최대 낙폭도 무려 40%나 된다.

특히 1931년이 독특한 해였다. 미국주식이 반토막 나고, 미국채권도 처참하게 깨지고, 거기다가 원자재까지 떨어지는 해였다. 당시의 미국의 달러화는 금과 연동되었다. 몇 차례의 금리 인하로 인해 금의 보유고가 줄어들어 금을 지키기 위해 중앙은행은 금리를 인상했다. [그림 5-7]의 선은 미국 초단기 채권의 이자율을 나타내는데, 1931년 중반부터 급격히 올랐다. 지금에 와서 생각해보면 아주 어리석은 정책인데, 당시 중앙은행은 잘못된 판단을 했고, 주식시장의 손실은 1932년까지 이어졌다. 당시에는 달러의 가치와 금의 가치가 연동되었던 시기여서 금도 방어를 해주지 못했다. 모든 자산군의 가격이 동시에 감소하는 흔치 않은 시기였다. 1937년이 돼서야 GDP라는 개념이 도입되었으니 인류가 얼마나 매크로 경제에 대해 무지했는지 알 수 있다.

앞으로 이런 일이 다시 일어날까? 절대 일어나지 않을 것이라 생각하는 사람도 있겠지만, 가능성이 있다고 생각한다. 매크로 경제는 복잡계라, 좋은 의도를 가지고 정책을 실시해도 예측하지 못한 곳에서 문

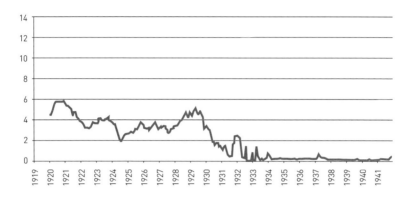

제가 생길 수 있다. 중앙은행이 언제나 현명하리라는 것은 지나치게
낙관적인 생각이다.

b. 2차 세계대전(1939~1948년)

- 미국주식: −9.78%(1940년), −11.59%(1941년)
- 올웨더: −0.53%(1939), −0.55%(1944)
- 60/40: −4.68%(1940), −6.75%(1941)

미국은 뒤늦게 참전해 주식시장의 피해는 적었다. 올웨더가 손실이
난 것은 2년이었으나 그 손실은 미미하다.

c. 한국전쟁(1950~1953년)

한국 땅에서는 참혹한 일이 벌어졌지만 전 세계에는 별 영향이 없었다. 다만 전쟁 때문에 원자재 가격이 급등했다가 다시 진정세를 찾았다. 원자재와 크게 상관없는 60/40이 올웨더보다 성과가 더 좋았다.

- 미국주식: 31.71%(1950), 24.02%(1951), 18.37%(1952), −0.99%(1953)
- 올웨더: −2.02%(1952), −8.77%(1953)
- 60/40: 손실을 기록한 해가 없음

d. 베트남 전쟁(1965~1969년)

미국과 베트남이 싸운 전쟁이었으나 미국주식이 많이 떨어지진 않았다. 전쟁 비용을 감당하기 위하여 미국은 적자재정을 펼쳤고 결국은 달러의 금태환체제가 깨지는 사건(닉슨 쇼크)으로 이어졌다.

- 미국주식: −10.06%(1966), −8.50%(1969)
- 올웨더: −2.42%(1969)
- 60/40: −4.16%(1966), −5.40%(1969)

e. 오일 쇼크(1973~1981년)

중동전쟁이 패배로 끝나자 OPEC에서 석유 가격을 통제하면서 생긴 쇼크이다. 경기가 최악임에도 원자재의 핵심인 원유 가격이 급등하는 관계로 물가는 치솟았고, 중앙은행은 어쩔 수 없이 금리를 인상했다.

당시 사람들은 인플레이션은 영원히 잡을 수 없고 물가는 끝없이 오른다고 생각했다. 높은 인플레이션으로 주식과 채권이 모두 힘들었다. 다만, 이 시기에는 원자재가 급등해, 원자재나 TIPS*도 갖고 있는 올웨더는 훌륭히 방어해냈다. 1973년 1차 오일 쇼크가 진정된 이후 큰 문제가 없을 거라 생각했으나 1978년에 두 번째 오일 쇼크가 발생했다. 하지만 미국의 중앙은행은 금리를 21%까지 올리는 등 적극적으로 대응하였고, 그 결과 모든 자산시장에서 큰 폭의 손실이 발생하진 않았던 시기이다.

- 미국주식: -16.64%(1973), -25.56%(1974), -3.88%(1981)
- 올웨더: -0.67%(1973), -4.08%(1974), -2.33%(1981)
- 60/40: -8.24%(1973), -13.15%(1974)

f. IMF 외환위기(1997~1998년)

대한민국의 외환보유고가 갑작스레 바닥나 IMF에 구제금융을 신청했던 시기다. 당시 그 충격으로 수많은 기업이 부도나고 대량실직이 일어났다. 한국은 그때의 트라우마로 아직도 외환보유고에 집착하는 편이다. 한국 외에도 동아시아 국가들에 공통적으로 일어났던 위기였는데, 동아시아 국가들이 처참하게 무너질 동안 전 세계 주식시장은 아무렇지도 않았다. 미국 시장은 오히려 매우 좋았다. 이때 글로벌 자산

◆ 미국 TIPS는 1996년에야 발행되었으니 어디까지나 가상의 얘기

배분 투자를 하고 있었다면 엄청난 이익을 봤을 것이다. 이렇게 주식이 좋은 시기에는 상대적으로 자산 배분 투자자의 성적이 떨어지는데, 집중투자보다 단기적인 수익률이 높게 나올 수는 없다. 자산 배분 투자의 목적은 장기적으로 안정적인 수익을 내는 데에 있다.

- 미국주식: 30.99%(1997), 23.26%(1998)
- 세계주식: 6.91%(1997), 9.39%(1998)
- 올웨더: 8.00%(1997), 8.99%(1998)
- 60/40: 12.56%(1997), 15.90%(1998)

g. 닷컴 버블(2000~2002년)

인터넷기업이 주목받으며 1995년부터 2000년까지 나스닥 기업들이 급등했던 현상이다. 1990년대 후반 신경제New Economy라는 단어가 탄생하며 새로운 시대의 경제가 왔다고들 얘기했다. 닷컴기업, 인터넷기업이라는 이유만으로 수익이 나지 않아도 주식 가격은 계속 오를 거라는 생각이 지배적이었다. 기술주에 투자하지 않는 사람들(대표적으로 워런 버핏)은 바보로 취급받았다. 2000년에 버블이 터지며 2002년까지 미국과 전 세계 주식시장은 대폭락했다. 주식은 폭락했으나 금융위기로 이어지지 않은 덕에 회사채는 선방했고, 그에 따라 올웨더는 60/40에 비해 방어를 더 잘했다.

- 미국주식: −10.57%(2000), −10.97%(2001), −20.96%(2002)
- 세계주식: −13.09%(2000), −15.56%(2001), −18.02%(2002)
- 올웨더: −4.22%(2001)
- 60/40: −2.24%(2000), −6.32%(2001), −5.15%(2002)

h. 리먼 브러더스 발 금융위기(2008년)

서브프라임 모기지 때문에 발생했던 가장 최근에 일어난 금융위기이다. 이때는 미국보다 다른 나라들이 더 많이 떨어졌다. 닷컴 버블과는 흐름이 좀 다르게 돌아갔다. 지역을 나누어 주식투자를 해도 하락장에서는 약하다는 믿음이 생긴 이유는 바로 2008년 때문이다. 이때는 너 나 할 것 없이 많이 떨어졌는데 그중에 미국이 가장 적게 떨어졌다. 2008년 전까지 미국에서 팽배했던 생각은 두 가지였다. 하나는 부동산 투자, 다른 하나는 금융주에 대한 강한 믿음. 이 두 믿음이 처참하게 무너진 시기였다. 2008년 초 리먼 브러더스 주가가 떨어지기 시작했을 때에도 거대한 투자은행이 무너질 리가 없으니 오히려 저가매수해야 한다고 주장한 사람들도 많았다. 하지만 리먼 브러더스는 파산하고 그 주식은 휴짓조각이 되었다. AIG에 대한 시각도 비슷했다. 금융주는 절대 망할 일이 없다 했지만, 2008년도 AIG는 고점 대비 99% 폭락했다.

- 미국주식: −37.04%(2008). 연 단위 수익률로 보면 많이 떨어지지 않은 것 같지만, 연중에는 거의 반토막 났었다.
- 세계주식: −40.57%(2008)
- 올웨더: −7.86%(2008)
- 60/40: −19.01%(2008)

■ 원화 기준 백테스트 결과

미국주식 계좌를 MTS에서 보면 두 가지 수익률이 나온다. 하나는 달러 기준 수익률, 다른 하나는 원화 기준 수익률이다. 필자는 개인적으로 원화 기준 수익률은 신경 쓰지 않는다. 달러를 늘려나가는 데 집중하고 있기 때문이다. 여러분이 한국에서 지내고 있다면 원화와 달러화를 모두 갖고 있어야 리스크를 줄일 수 있다.

단테의 도움말

원화와 달러화를 모두 보유해야 하는 이유

한국의 GDP에서 수출이 차지하는 영향력이 절대적*이기 때문이다. 이 구조는 앞으로도 변하지 않을 것이다. 이런 구조 때문에 세계 경제가 위기에 빠지게 되면 가장 먼저 한국의 환율부터 오른다. 한국에 있는 기업들이 수출이 어려워질 것을 깨달은 외국인들이 재빨리 한국 주식을 팔기 때문이다. 국제적으로도 한국의 원화는 대표적인 위험자산으로 인식되고 있다. 이런 리스크를 헤지하기 위해서는 원화와 더불어 대표적인 안전자산으로 알려진 달러화를 보유해야 한다.

한국에 살며 원화로 소비하는 상황에서는 원화 기준 수익률도 상당히 의미가 있다. 듣고 보니 일리가 있어 원화 기준 백테스트도 이번에 새로 추가했다. 다만, 이 백테스트는 시작 시점의 환율에 따라 결과에 차이가 있음에 주의해야 한다. IMF 외환위기 때는 달러/원 환율이 1,800원이나 됐는데, 이때 백테스트를 시작한다면, 현재 환율(2019년 10월 1일 기준 1,197원)과 비교해보면 포트폴리오의 누적수익률이 약 50%나 줄어든다. 반대의 상황도 있다. 한국의 경제가 평온하던 1989년에는 달러/원 환율이 600원이었다. 이 시기부터 백테스트를 하면, 오늘

◆　2018년 GDP 대비 수출입의 비중은 66.25%이다. 미국은 GDP 대비 20.89%이다.

환율 기준으로 포트폴리오 누적수익률이 100%나 증가하게 된다. 시작 시점을 언제로 잡든 왜곡 여지가 있음을 미리 알린다. 각 데이터가 상대적으로 안정되어있는 1996년으로 시작 시점을 잡았다.

■ 표 5-3 | **올웨더 포트폴리오 백테스트 결과**(원화 기준 수익률)

백테스트 기간	1996~2019년
연평균 수익률	9.84%
연간 변동성	20.45%
최악의 해 5년	−16.10% (1998년) −7.63% (2009년) −6.53% (2001년) −5.10% (2002년) −4.17% (2016년)
최고의 해 5년	89.96% (1997년) 34.84% (2008년) 24.47% (2019년) 20.92% (2000년) 19.32% (2003년)
최대 낙폭MDD	−20% 내외로 추정 (월간가격이 없어서 부정확)
수익이 난 해 / 손해가 난 해	17 / 7

흥미로운 결과가 나왔다. 연평균 수익률은 달러화 기준보다 높게 나왔다. 이것은 달러화의 가치가 백테스트 시작 시점보다 약 50% 더 높아졌기 때문에 당연하다. 1996년 1월 1일 기준으로 달러/원 환율이 785원, 오늘 환율(2019년 12월 31일 기준)로 1,155원이다. 최고의 5년도 흥미로운데, 1위가 1997년이었다. 연 수익률이 89.96%나 나왔다. IMF 시기였고, 달러/원 환율이 2배가 되면서 발생한 이득이었다. 두 번째로 수익률이 높았던 해도 2008년 서브프라임 금융위기 때였다. 이때도 달

러화 기준 -10.53%의 손실이 났지만, 환율이 올라간(943원→1,380원) 데 힘입어 34.84%라는 수익률이 났다. 최고의 해 3위도 흥미로운데 바로 2019년이다. 2018년은 알 수 없는 이유로 모든 자산군의 손해가 누적되던 시기였고, 저평가된 자산군들이 2019년에 모두 원래의 가격을 회복함과 동시에 미국이 잘나가고, 한국에 대한 전망이 어두워지며 환율이 급등함에 따라 생긴 사건이다. 2000년 역시 닷컴 버블로 인해 환율이 급등했던 시기이다. 주식의 수익률은 높지 않는데, 주식 외에 다른 자산군들이 수익률이 높게 나오고, 환율이 올라감에 따라 원화 기준 수익률도 높게 나왔다.

최고의 수익률이 나온 뒤에는 최악의 수익률이 나오는 해로 이어졌다. 최악의 해 1위는 IMF를 극복해나가기 시작했던 1998년이다. 포트폴리오의 수익률과는 상관없이 환율이 다시 정상궤도로 돌아오면서 (1,525원→1,174원) 손실이 누적되었다. 최악의 해 2위도 2009년이었다. 이때도 달러화 기준 포트폴리오 수익률은 9.69%나 나왔으나 환율이 다시 정상으로 돌아오면서(1,380원→1,161원) 원화 기준 수익률도 악화되었다. 그리고 최악의 해 3위부터는 특별히 수익률이 그리 나쁘지 않다. 아무래도 올웨더 포트폴리오의 수익률이 나쁜 시기가 세계 경제가 안 좋은 시기이고, 이런 시기에는 환율이 급등하기 때문이다. 다만, 최대 낙폭은 그 수혜를 받지 못했다. 1998년에 환율이 급격히 회복됐기 때문이다. 요약하자면, 전 세계가 힘들 때는 상대적으로 괜찮은데, 전 세계가 경제가 회복할 때는 타격을 받을 수 있다. 또한, 연도별 변동성은 20%로, 기존 올웨더 포트폴리오의 13.34%에 비해 1.5배 이상 나왔다. 이것은 달러/원 환율의 변동성이 워낙 커서 그 영향을 받았기 때문이다.

건전한 투자는 내가 어떤 리스크에 노출되어 있는지 충분히 인지하고 행하는 투자이다. 책에서 공개한 올웨더 포트폴리오는 달러에 집중 투자하는 형태(물론 주식, 채권 등을 통해 달러 외 자산의 분산을 도모했다)이다. 물론 올웨더 포트폴리오에도 장단점이 있으므로 자신의 상황에 맞춰 보완해 나가며 투자하는 것이 이상적이다.

■ **그림 5-8** | **올웨더 포트폴리오의 연도별 원화 기준 수익률**(1996~2019년)

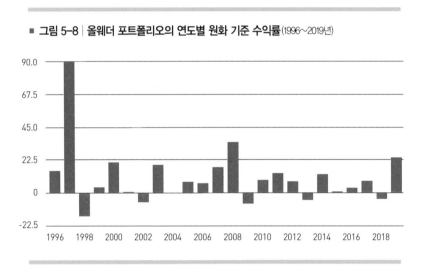

■ 브리지워터와의 비교

1996년부터 운영된 브리지워터의 올웨더 펀드의 경우 연도별 수익률이 모두 공개되어 있다. 이 수익률과 비교해보면 어떨까? 내가 구한 포트폴리오의 수익률과 브리지워터의 수익률 간에 상관관계를 구해보았다. 연도별 수익률을 기준으로 상관관계를 구했고* 0.80이 나왔다.

이 수치라면 앞으로도 브리지워터의 올웨더 펀드와 비슷한 수익률을 보일 것이라 생각할 수 있다.

백테스트는 완벽한가?

지금까지 올웨더 포트폴리오의 백테스트 결과를 살펴보고 각각의 경제 시기에 어떤 영향을 받는지 간단히 설명했다. 백테스트는 불완전하다. 혹자는 정답을 보고 문제집을 푸는 행위에 비유하기도 한다. 백테스트를 하다 보면 자연스레 자산의 비중을 변경하거나 타이밍 혹은 그 외 제약조건을 추가하여 더 높은 수익률이 나오게 할 수 있다. 하지만 과거와 미래는 다르다는 것을 잊어서는 안 된다. 백테스트는 논리를 확인하는 도구로 접근하는 게 이상적이다. 백테스트에 대한 지나친 신뢰는 위험하다.

이 책에서 자산 배분만 언급했지만, 필자는 2년 정도 데이트레이딩을 했다. 프로그램 개발에 능숙하고 데이터를 다루는 게 어렵지 않았기에 언제나 실매매하기 전에 그 전략을 과거 10년 정도의 데이터**로 백테스트 했다. 데이트레이딩할 때도 늘 백테스트를 해보고 그 결과를 확인한 뒤 매매를 진행했다. 10년 동안 연평균 수익률 100%가 나오는 전략이 실전에서는 우하향하는 경우도 많았다. 성과가 좋았던 전략은 백테스트에서 지표가 좋게 나온 전략이 아니었고, 조건의 개수가 적은

◆　　달러 수익률로 상관관계를 계산했다.
◆◆　자산군과 비슷하게 50년 이상의 데이터가 있으면 좋지만 10년 이상의 분봉 데이터를 구하는 게 어려웠다. 아쉬운 대로 10년의 분봉 데이터로 백테스트를 진행했다.

단순한 전략이었다. 백테스트 결과를 볼 때 수익률이나 MDD도 봐야 하지만, 어떤 상황이 발생할 때 전략이 무너지는지에 대해서도 고민해야 한다. 고민해야 한다. 투자금이 들어간 이후에 고민하는 것은 너무 늦다.

올웨더 포트폴리오는 언제 망하는가?

좀 더 극단적으로 가보자. 언제 망할까? 조지 소로스도 투자 포지션을 정하고 나면 그것이 어떨 때 망하는지 스스로 물어봤다고 한다. 올웨더 포트폴리오는 언제 망할까? 올웨더는 어떤 가정 속에 만들어진 전략일까? 자산군의 투자 비율을 동적으로 바꾸는 동적 자산 배분*에 비해 투자 비율을 고정적으로 정하는 정적 자산 배분**은 가정한 부분이 적다. 동적 자산 배분으로 투자한다면 배분 비율을 바꿀 때 참고하는 신호들이 앞으로도 계속 통하는지 고민해야 한다. 그에 반해 비율이 미리 정해져 있으면 각 투자자산이 우상향하는지만 확인하면 된다. 올웨더 포트폴리오에서 가장 많은 비율을 차지하는 자산군은 주식과 채권이다. 이들이 우상향하지 않는다면 포트폴리오의 수익률에 큰 문제가 생길 것이다. '주식 혹은 채권에 투자하면 미래에 수익이 난다'라는 기대가 무너진다면 어떻게 될까? 아무도 투자하지 않게 될 것이다. 그런 경우 주식시장이 붕괴되고, 더 나아가 자산시장도 붕괴될 것이

◆　　전술적 자산 배분(Tactical Asset Allocation) 이라고도 한다.
◆◆　올웨더도 정적 자산 배분이라고 봐야 한다. 투자자산의 비율은 거의 변하지 않는다. 이것을 전략적 자산 배분(Strategic Asset Allocation)이라고도 한다.

다. 채권이 우상향하지 않는 것도 마찬가지이다. 대표적인 채권으로는 국가가 돈을 빌리기 위해 발행하는 '국채'가 있다. 국가는 미래에 거둘 세금을 담보로 부채를 진다. 아무도 채권투자를 하지 않는다는 것은 투자자들이 그 국가의 미래에 확신이 없다는 의미이다. 앞으로 미국이 세금을 징수할 수 없으면 어떻게 될까? 이렇게 주식이나 채권투자에 대해 근본적인 의문이 생긴다면 우리는 어디에 투자할 수 있을까? 총 이나 칼 그리고 라면 정도가 아닐까?

백테스트는 반드시 직접 하자

백테스트를 직접 해야 하는 이유는 직접 하면서 얻을 수 있는 많은 장점 때문이다.

■ 전략의 문제점 파악이 쉽다

어떤 사람은 백테스트 할 때 슬리피지*를 넣기도 하고 빼기도 한다. 세금이 반영될 수도 있고, 반영되지 않을 수도 있다. 백테스트는 현실을 100% 반영할 수 없어서 백테스트하는 사람만의 가정이 들어가는데 그것을 아는 것과 모르는 것은 차이가 크다. 백테스트를 하는 엑셀 혹은 소스코드에 실수가 있을 때도 있다. 그런 문제들이 가볍게 무시해도 되는 문제인지 아니면 심각한 문제인지는 직접 백테스트를 하면서 파악할 수 있다.

◆　원하는 자산을 매수하기 위해서는 현재 가격보다 더 비싸게 사야 하고, 현재 가격보다 더 싸게 팔아야 하는데 그때 생기는 손실금을 슬리피지(Slippage)라 한다.

■ 손해를 견디기 쉽다

투자를 시작하기만 하면 기다렸다는 듯이 시장은 반대로 움직인다. 손해가 나더라도 백테스트를 직접 해봤다면 과거에도 비슷한 상황 혹은 더한 상황이 있음을 쉽게 알아차려 힘든 순간을 견딜 수 있다.

■ 전략을 멈춰야 하는 시점을 판단할 수 있다

손해가 장기간 지속되고, 이것이 백테스트에서도 유래를 찾아볼 수 없는 정도의 희귀한 상황이라면 전략을 그만두어야 하는 시점일 수도 있다. 이것은 타인이 만든 결과만으로는 판단하기 어렵다.

■ 전략을 업그레이드 할 수 있다

자산 배분 전략을 하나 만들고 자금을 투입하는 것은 끝이 아니고 새로운 시작이다. 자금이 투입되면 많은 생각이 들기 시작한다. 백테스트를 직접 하고 보니 과최적화의 여부가 심해 보여 과최적화를 피하기 위해 전략을 수정하기도 한다. 혹은 좀 더 수익이 나도록 전략을 수정하는 것이 가능하다. 예를 들면 '유니버스에 리츠를 추가해볼까?' 혹은 '자산군의 비율을 바꿀까?' 혹은 '더 좋은 대체 ETF들로 바꿔볼까?' 하는 생각을 할 수 있다. 이러한 사소한 점을 수정해서 전략을 조율함으로써 업그레이드할 수 있다.

■ 배움이 있다

직접 백테스트 하고 문제가 없는 전략을 실행했으나 그 전략이 망가졌다고 해보자. 이 전략이 왜 망했는지 알려면, 직접 백테스트 하는 경우에나 가능하다. 물론 백테스트 해도 전략이 왜 망가졌는지 모를 수 있다. 다만, 남의 백테스트를 참고할 때보다는 배우는 것이 있다. 왜 전략이 실패했는지 분석하는 것은 아주 중요하다. 그러한 분석 속에 배움이 있고, 그런 배움이 있어야 더 좋은 투자자로 거듭날 수 있기 때문이다. 남이 해준 백테스트에는 그러한 배움을 얻을 수 없다.

핵심 정리

- 완벽한 백테스트 데이터를 구하기는 어렵다. 특히 1970년대 이전으로 가면 더욱더 그렇다.
- 과거는 미래와 다르므로 백테스트 결과를 절대적으로 신뢰하는 것은 곤란하다. 우리의 관심사는 미래에 성과가 더 좋은 전략이지 과거의 CAGR, MDD 수치가 좋은 전략이 아니다.
- 1926년부터 2019년까지 올웨더 포트폴리오 백테스트 결과 연평균 수익률은 9.24%, MDD는 −30〜−40%이다.
- 장기채의 보유 비율이 높아 올웨더 포트폴리오가 금리 인상에 약하다는 지적이 있지만, 대표적인 금리 인상기인 1940년부터 1980년까지 올웨더 포트폴리오의 백테스트 결과 수익률은 이상 없었다.
- 백테스트는 반드시 직접 해보자.

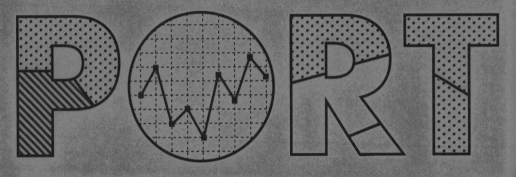

ALL WEATHER PORT

6장

올웨더와 관련된 질문들

A L L
WEATHER
PORTFOLIO

올웨더 전략을 필자의 블로그에 공개한 이후 많은 질문을 받았다. 그 질문 중에서 의미 있고 도움이 될 만한 것들을 정리해서 공유한다.

Q1. 올웨더를 퇴직연금·IRP에 적용할 수 있을까?

퇴직연금·IRP 계좌는 세제 혜택이 있어 직장인이라면 반드시 관심을 가져야 한다. DC형이라면 일반 금융상품에 가입하는 것보다 자산 배분으로 운영하는 게 수익이 더 높을 것이다. 2019년 기준으로 퇴직연금·IRP 계좌는 일부 파생상품형 ETF를 보유할 수 없다*. 미국 장기채⁺⁺는 퇴직연금 계좌에서 보유할 수 없다. 보유할 수 있다고 해도 원화 헤지가 되어있는 상품이라 헤지 역할에 한계⁺⁺⁺가 있다. 따라서 올웨더 전략은 퇴직연금 상품만으로는 운영할 수 없다. 퇴직연금 계좌에는 규정상 담지 못하는 포트폴리오가 있고, 제도가 다소 복잡해 이 책에서 설명하는 범위에서 벗어난다. 퇴직연금과 IRP에 대해 더 알고 싶은 독자는 김성일의 책《마법의 연금 굴리기》[43]를 참고하자.

Q2. 금리가 오르면 장기채를 보유하고 있는 올웨더에 문제가 생기지 않을까?

장기채가 금리 인상에 약한 이유

금리가 오를 때 장기채 투자자는 단기채 투자자보다 더 큰 손실을 본다. 왜냐하면, 장기채는 단기채보다 이자와 원금을 보장해야 하는 기간이 더 길기 때문이다. 내일 갚아야 하는 채권과 30년 뒤에 갚아야 하는 채권을 비교해서 생각해보자. 내일 갚아야 하는 채권은 기준금리가 어떻게 바뀌건 채권자나 채무자 입장에서 바뀔 것이 없다. 하루만 지나면 원금을 돌려받기 때문이다. 반면에 30년 만기 채권은 기준금리

◆　　해외주식형 합성 ETF는 가능하다.
◆◆　KODEX 울트라30년선물(H)
◆◆◆　경제위기 시 금리 인하로 미국채권의 가격은 올라가지만, 원화로 헤지되어있다면, 원화의 가치가 하락하여 전체 수익이 상쇄된다.

가 10%가 오르면 남은 기간 동안 영향을 받는다. 높은 금리에 발행된 새로운 채권들 대비 매력도가 떨어져 과거에 발행되었던 채권의 가격이 떨어진다. 그런데 현재의 금리는 아무리 봐도 낮아 보인다.

■ 그림 6-1 │ 미국의 단기금리 추이

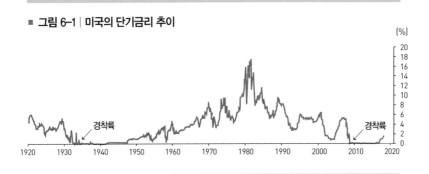

[그림 6-1]의 금리 추이를 보면 장기채를 포트폴리오에 섞는 것이 위험하다는 생각이 들 것이다. 금리가 마이너스로 가는 것은 어려운 일이니 앞으로 올라가기만 할 것 같은가? 하지만 금리의 방향을 예측하는 일은 주식시장의 방향을 예측하는 것만큼이나 어려운 일이다. ◆

향후 기준금리 시나리오

세계적인 헤지펀드 AQR에서는 〈리스크 패리티 전략은 금리가 올라가도 괜찮을까?〉라는 백서44를 발간했다. 올웨더 포트폴리오는 리스크 패리티 전략 중 하나◆◆다. 그러므로 올웨더 투자에 관심이 있다면 이

◆　돌려 표현했지만 나를 포함한 99%의 사람들은 불가능하다는 얘기다.
◆◆　브리지워터 외에도 AQR, Panagora 등 다양한 회사들이 리스크 패리티 전략을 운영 중이다.

백서의 내용을 참고할 만하다. 이 백서에서도 최근의 금리가 역사적으로 낮은 것임을 분명히 언급하고 있다. 하지만, 걱정하기 전에 향후의 기준금리 시나리오에 대해 고민해 볼 것을 권장한다. 이 백서에서는 앞으로 가능한 5가지의 시나리오를 소개한다.

■ 시나리오 ❶ 금리는 더 떨어진다

이게 어떻게 가능하냐는 의문이 있을 수 있다. 이미 그러한 전례가 있다. 바로 일본*이다. 전 세계의 경제가 침체되고 인플레이션도 꿈쩍하지 않는다면 경기를 부양하기 위해 이자를 더 낮출 수 있고, 심지어 마이너스 금리도 가능하다**. 이런 상황에서는 장기채를 갖고 있는 리스크 패리티 전략은 수혜를 볼 것이다.

■ 시나리오 ❷ 금리가 지금과 비슷한 수준으로 계속된다

경제성장은 지지부진하고, 인플레이션도 그저 그러한 상황이라면 이렇게 될 것이다. 주식과 원자재는 재미가 없을 수 있지만, 장기채는 (단기채에 비해) 높은 쿠폰 수익을 얻을 수 있다.

■ 시나리오 ❸ 경기가 살아남에 따라 금리가 오른다

주식시장은 좋아질 것이고, 산업용 원자재Industrial Commodities 시장도 수익이 난다. 물가연동채나 장기채는 이런 시나리오에서 손실을 본다.

◆　일본 외에도 유럽의 많은 국가가 마이너스 금리를 시행 중이다.
◆◆　마이너스 금리 시대에 대해서는 다음 장에서 설명한다.

하지만, 손실의 폭이 예상보단 작을 것이다. 왜냐하면, 연준이 이자율을 천천히 올릴 것이기 때문이다.＊ 전 세계와 미국경제가 과열로 치닫고 있거나 인플레이션을 잡을 수 없을 때에는 빠르게 올릴 것이다. 빠르게 올리는 경우는 다음에 언급하겠다. 어찌 됐든 장기채가 수익률을 깎아 먹겠지만, 우리가 보유한 것은 '포트폴리오'다. 일부 비중은 언제나 주식과 산업용 원자재에 투자되고 있고, 그들이 부진한 장기채의 수익률을 충분히 보상해 줄 것이다.

 단테의 도움말

장기채 투자자들에게는 금리의 상승폭보다 상승속도가 중요하다.
미국 채권의 대표 ETF인 TLT(iShares 20+ Year Treasury Bond ETF)를 보자.＊＊ TLT는 만기가 24년 남은 채권을 매수해서 3~4년 묵혀놨다가 만기가 20년 정도 남았을 때 매도한다. 금리가 올라가면 높은 이자율이 반영된 새로운 채권들을 매입한다. 3~4년 지나면 채권 ETF는 모두 새로운 채권들로 교체된다. 이런 구조라면 수년에 걸친 느린 금리 인상은 채권 ETF의 수익률에 큰 악영향을 미치지 않는다.

■ **시나리오 ❹ 높은 인플레이션에 대한 우려로 중앙은행이 금리를 급격하게 올린다**

주식과 채권만으로 된 포트폴리오＊＊＊로 투자할 때 가장 우려되는

◆　연준 입장에서 금리를 너무 빨리 올리면 경기에 찬물을 끼얹을 수도 있다는 부담이 있다.
◆◆　IEF나 SHY 혹은 우리가 이용할 EDV도 운용방식은 TLT와 크게 다르지 않다. 몇 년 만기인 채권을 매수하고 몇 년 만기인 채권을 매도하는지에 대한 차이가 있을 뿐이다.
◆◆◆　대표적으로 60/40이 있다.

시나리오이다. 1970년대와 같이 예상 못 한 이벤트에 의해 물가가 천정부지로 치솟는 상황이다. 이런 상황은 장기채의 수익률에는 치명적이지만 리스크 패리티 포트폴리오는 이런 상황에 대응하기 위해 인플레이션 상승에 대비할 수 있는 자산군인 원자재, 금, 물가연동채, 이머징마켓채권 등을 포함한다. 1970년대 금의 연평균 수익률은 30%, 원자재의 연평균 수익률은 15%였다. 그래도 걱정이 되는 사람들을 위해 금리 인상기의 백테스트 결과를 별도로 다시 한번 살펴볼 예정이다.

■ 시나리오 ❺ 많은 국가가 부채위기 sovereign debt crisis 를 맞이하고 통화정책이 제대로 되지 않아 금리가 급격하게 올라간다

가능성은 매우 낮지만 이런 상황에서는 리스크 패리티 포트폴리오가 보유하고 있는 거의 모든 자산군이 손해를 볼 것이다. 이런 시기에는 현금이 최고의 자산일 것이다. 모든 포트폴리오가 천하무적이라고 하는 건 거짓말이다. 다만, 다른 대부분의 자산 배분 전략이나 일반적인 투자전략들도 이런 경우엔 수익률이 암울할 것이다. 이런 상황이 발생하면 주식자산군의 우상향에도 의문이 생기고, 채권의 우상향에도 의문이 생길 것이다. 그렇다면 어디에 투자하겠는가? 하락에 베팅하는 선물·옵션 시장• 투자 정도가 대안일 것이다.

◆　과연 이런 글로벌 패닉 속에서 공매도 시장, 선물옵션시장이 잘 돌아갈지는 의문이다. 2008년에도 증시가 급락하자 공매도를 금지한 적이 있다.

대중의 예상은 대부분 '금리는 곧 오를 것이다'(시나리오 ③)이다. 그런데 다른 시나리오들도 충분히 가능하다. 무조건 시나리오 ③처럼 될 거라는 예상은 위험하다. 미래는 알 수 없기에 우리는 여러 가지 시나리오를 만들어놓고, 그 시나리오에 맞춰 우리가 어떻게 대응할지 미리 정리해야 한다. 그래서 향후 기준금리가 어떻게 흘러가건 상관없이 우리의 자산을 관리하는 것이다. 자산 배분 투자의 기본철학은 우리가 마켓 타이밍을 모른다는 것을 인정하는 것이다. 나를 포함한 99%의 사람들은 정확한 마켓 타이밍을 알 수 없으며 그것을 아는 사람을 찾는다고 해도 그 사람의 의견을 이해 못 할 것이다.

다시 보는 금리 상승기 올웨더 포트폴리오 백테스트

금리가 2020년 현재와 비슷한 시절이 과거에도 있었다. 대공황이 끝난 직후인 1940년대 초다. 1940년대 이후의 채권가격은 어땠을까? 마침 레이 달리오가 10년대별 자산군의 수익률을 조사한 자료가 있어서 그 자료를 참고했다. 아래 표에서 1950~1970년대의 채권의 연평균

■ 표 6-1 │ 각 자산군의 10년대별 명목 수익률[45]

	1940	1950	1960	1970	1980
주식	9%	18%	8%	5%	17%
채권(주식과 같은 변동성)	31%	−7%	−3%	4%	12%
금	1%	−1%	0%	30%	−3%
은	8%	2%	7%	27%	−12%
원자재	8%	0%	1%	15%	−1%

수익률(주황색 칸 참고)은 -7%, -3%, 4%로 그 30년간 채권은 최악의 자산 군이었다.

그렇다면 장기채를 많은 비율로 운영하는 올웨더 포트폴리오의 수익률에도 문제가 생겼을까? 1926년부터 백테스트를 시작한 것도 이 의문에서 시작되었다. 1930년대 말에는 기준금리가 0%에 가까웠다. 조금씩 올라가기 시작한 미국의 금리는 1980년대 초에는 20%까지 올라간다. 올웨더 포트폴리오가 이런 시기에서도 잘 견딜 수 있을지 궁금했다. 지난 백테스트에서 1950년에서 1980년까지의 데이터만 다시 정리해서 분석했다.

비록 백테스트 기준이지만, 1950년부터 1980년까지의 성과는 무난했다. 포트폴리오 전체가 마이너스인 해가 4년밖에 없으며, 그 중 최저는 -5%(1969년)이다. 연수익률이 24%가 나온 해(1954년)도 있었다. 기간 동안의 연평균 수익률은 8.14%가 나왔으니 전체 95년 동안의 수익률인 9.60%보다는 조금 낮지만 좋은 성과이다. 어째서 채권의 비율이 높은 포트폴리오에서 채권의 가격이 떨어졌는데도 수익률에 큰 변화가 없었을까? 채권의 가격이 장기적으로 하락해서 손실이 났지만, 가격이 추세적으로 떨어지지 않고, 출렁거렸기 때문이다. 그리고 채권의 수익률이 별로였던 해에는 주가가 많이 올랐고, 반대로 채권의 수익률이 좋았던 해는 주가가 많이 떨어졌기 때문이다. 연도별로 리밸런싱을 했고, 이런 출렁거림 속에서 가격이 단기적으로 높았던 자산군은 고가에 매도하고, 가격이 단기적으로 낮았던 자산군은 저가에 매수했으니 이렇게 평탄한 수익률이 나왔다. 이것이 리밸런싱의 마법이다. 채권의 가격이 역사적으로 거품이 끼었다고 해서 자산군의 가격이 움직이는 기본 원리가 바뀌지 않는다. 주식투자를 하고 있다면, 주가와는 일반적으로 다르게 움직이는 채권에 대한 투자도 반드시 필요하다. 한 자산군에만 투자하는 것이 더 리스크가 크다.

Q3. 마이너스 금리 시대에도 올웨더는 유효할까?

앞으로 미국의 기준금리가 마이너스가 될지 안 될지는 알 수 없다. 하지만 가능성은 충분히 보인다. 미국의 기준금리는 2020년 1월 기준 1.5%인데 이런 상황에서 다음 불경기가 온다면 중앙은행은 경기부양을 위해 제로금리를 실시할 것이고, 더 나아가 마이너스까지 할 수도 있다. 이미 일본, 스위스 등은 마이너스 금리를 오랫동안 시행하기도 했다. 미국의 마이너스 금리는 전례가 없는 상황이고, 이런 시대에도 올웨더 포트폴리오가 유효할지 많은 의문과 걱정들이 존재한다. 하워드 막스의 메모[46]와 AQR의 논문들[47]이 마이너스 금리 상황에 참고할 만하다. 마이너스 금리와 관련된 각종 정보를 다양하게 소개하려고 한다.

금리 인하의 의미

금리 인하는 중앙은행의 대표적인 통화정책*이다. 경제는 다양한 내외부 변수에 영향을 받아 경기 변동이 일어난다. 중앙은행과 정부는 이런 상황에 대응하여 다양한 정책을 내놓아 경기 변동이 부드럽게 진행되도록 유도한다. 금리가 인하되면 돈을 얻기 위한 비용이 저렴해지므로, 돈을 빌려서 다양한 사업이나 투자를 활발히 할만한 요인이 생긴다. 그래서 금리 인하는 경기부양 효과가 있다고 알려져 있다.

왜 금리를 마이너스까지 내릴까?

2008년 금융위기를 겪으며 각국의 중앙은행이 대부분 제로금리 가까이 낮췄다. 다행히 낮은 금리의 도움으로 각국의 경기가 부양되었고, 실물경제도 회복됐다. 하지만 10년 동안 미국을 비롯한 대부분 국가가 경기가 살아났어도 과거처럼 금리를 많이 올리지는 못한 상태에서 다시 금리를 내려야 하는 압력을 받고 있다. 2019년에는 거의 모든 국가가 금리를 다시 낮추기 시작했다. [표 6-2]는 전 세계 중앙은행의 기준금리를 정리한 표이다. 미국을 비롯한 선진국 대부분의 금리는 1%대이고, 스위스나 일본, 유로존에 있는 국가들은 마이너스 금리에 돌입했다. 아직 마이너스가 아닌 나라들도 있지만, 역사적으로 금리 인하가 한번 시작되면 계속 그 추세가 이어지는 경향이 있다. 그러다 보니 미국이나 아직 플러스 금리인 주요 선진국들마저 마이너스 금리로 내리는 것이 아닌가 하는 추측들이 나오고 있다.

◆   중앙은행이 주로 하는 정책을 통화정책이라고 하고, 정부 주도하에 실시하는 정책이 재정정책이다.

국가	기준금리	마지막 움직임	마지막 날짜
스위스	−0.75%	인하	2015−01
덴마크	−0.75%	인하	2019−09
유로존	−0.50%	인하	2019−09
스웨덴	−0.25%	인상	2018−12
일본	−0.10%	인하	2016−01
영국	0.75%	인상	2018−08
호주	0.75%	인하	2019−10
한국	1.25%	인하	2019−10
노르웨이	1.50%	인상	2019−09
대만	1.50%	인하	2016−03
캐나다	1.75%	인상	2018−10
미국	1.88%	인하	2019−09
중국	4.20%	인하	2019−09
브라질	5.50%	인하	2019−09
러시아	7.00%	인하	2019−09
터키	16.50%	인하	2019−09

마이너스 금리란 무엇이고, 그 규모는 얼마나 되는가?

채권에 지불하는 가격보다 채권 투자를 통해서 받을 수 있는 금액*
이 더 작은 경우를 마이너스 금리라고 한다. 연준의 기준금리가 2019년
10월 기준 1.75%로 마이너스는 아니지만, 이미 발행된 채권 중 많은 양
의 채권이 마이너스 금리이다. 블룸버그에 따르면 2019년 9월 4일 기
준으로 명목 수익률이 0 미만인 세계 채권 거래량은 17조 달러 이상이
다. 인플레이션을 고려한 실질 수익률이 0 미만인 세계 채권 거래량은
무려 35.7조 달러에 이른다.

왜 마이너스 금리임이 명백한데도 채권 투자를 할까?

투자자들은 현재 경제 상황에 대한 두려움이 너무 크다. 그래서 어쩌면 일어날지도 모르는 큰 손실을 피하고자 선제적으로 제한된 손실을 선택하는 것이다. 이런 채권투자자는 대부분 향후 금리가 더 인하될 것으로 기대한다. 만약 금리가 더 인하되면, 채권투자자는 더 이득을 볼 것이다. 또한 앞으로 디플레이션이 온다면, 명목적으로는 손해를 봐도 실질적으로 이득일 가능성**이 있다. 그렇지 않더라도 정부의 규제를 따르는 금융기관들은 자산 중 일정 비율을 채권으로 보유해야만 한다. 규제와 상관이 없는 기관투자자들도 많은 돈을 물리적으로 보관하는 것이 현실적으로 불가능***하여 마이너스 금리를 보장하는 채권을 매입한다.

마이너스 금리의 영향
■ 저축에 대한 패러다임의 변화

과거에는 위기가 오면 정부에 돈을 맡겼는데(국채에 투자), 마이너스 금리 시대에는 돈을 맡기기 위해 돈을 지불해야 할지도 모른다. 다만, 개인이 투자하는 작은 규모의 자금에는 적용되지 않을 수도 있다. 지

◆　　만기 시 상환받는 원금과 채권을 보유함으로써 받는 쿠폰이자의 합

◆◆　 디플레이션으로 인해 손해 보는 금리보다 물가가 더 떨어지고 그 결과 미래의 구매력이 더 증가한다.

◆◆◆ 여러분이 기관투자이고, 1,000억 원을 보관해야 한다고 생각해보자. 이것을 모두 인출해서 보관하기에는 창고비용, 경비인력 등 물리적으로 많은 비용이 필요하다. 그렇다면 은행이나 다른 금융기관에 예치해야 하는데, 이 기관에 예치하면 이 기관들이 마이너스 금리를 적용하게 된다.

금까지는 기관 자금에만 마이너스 금리가 적용*됐었으나 개인에게도 적용될 가능성이 전혀 없지는 않다. 하지만 개인은 자금을 모두 인출해서 집에 쌓아둘 수 있으므로 이런 일은 현금 없는 사회가 와야 가능할 것이다. 당장은 요원해 보인다.

■ 위험자산 선호 효과

안전한 곳에 투자해서 확실한 손해를 보느니 일부 투자자는 거꾸로 더 높은 리스크가 있는 자산에 투자하기도 한다. 대표적으로 주식, 정크본드, 부동산, 사모펀드, 벤처캐피털 같은 자산들이다. 이런 자산들의 가격이 크게 오르기도 했다. 일각에서는 위워크wework나 우버uber 같이 아직 적자 상태인 기술 기업들이 높은 밸류에이션에 투자를 받았던 이유도 이 때문이라고 한다. 하지만 최근(2019년 10월 기준)에는 다시 이러한 기술 기업들의 가치에 대한 의문이 제기**되어 예전과는 상황이 달라지고 있다.

■ 경기부양 효과

앞에서도 언급했듯 경기부양 효과를 노리고 금리를 낮춘 것이지만, 마이너스 금리가 경기부양 효과가 있다고 보기는 어렵다. 투자자에게 비관적인 시각을 심어주기 때문이다. 2019년 8월 유로스탯Euroatat의 리

◆   이미 마이너스 금리가 적용된 유럽의 국가들, 일본에서는 그렇게 시행됐다.
◆◆   위워크의 IPO는 연기되고 기업가치는 줄어들었다.

포트에 따르면, 유로존의 가계저축률은 13%를 넘어서서 5년 만에 최고치를 기록했다. 일본의 마이너스 금리도 경기부양에 그다지 긍정적인 영향을 주지 않았다.

■ 연기금, 보험 등의 수익성 악화

연기금이나 보험 등은 개인들에게 자금을 받아두고 그 자금을 운용하여 돌려주어야 하는 의무가 있다. 현재의 금리가 적당했다면 그들이 자금을 운용하는 데 문제가 없었을 것이다. 하지만 오늘날은 현재 금리가 마이너스에 가까워 안전자산으로 알려진 미국 국채 등에 투자해도 (미래에 돌려주기로 한) 고정된 수익률을 보장할 수 없게 되었다. 이러한 기금의 문제는 이곳에 돈을 납부하고 있는 개인들의 피해로 확산될 것이다.

미국도 마이너스 금리가 올까?

다들 마이너스 금리를 얘기하지만, 마이너스 금리가 오지 않을 가능성도 있다. 하워드 막스 역시 2019년 10월 작성한 자신의 메모에서 마이너스 금리가 오지 않을 확률이 미세하게 더 높다고 얘기했다. 그런 주장의 이유로는 현재 경제성장률이 굳건함을 들었다. 또한 물가가 상승할 수도 있다. 물가가 상승한다면 각국 중앙은행은 금리를 올려야 할 것이다.

마이너스 금리 시대에 올웨더 투자자는 어떻게 해야 하는가?

결론부터 말하자면 바뀔 것이 없다. 하워드 막스가 얘기하는 것처럼 미국 기준으로 마이너스 금리가 오지 않고 이번 사이클이 진정이 될 가능성을 배제할 수 없다. 반대로 마이너스 금리 시대가 올 수도 있다. 그렇더라도 현재 우리가 투자해야 하는 자산군들의 종류가 크게 바뀔 이유는 되지 않는다. 다른 변수 중의 하나는 인플레이션인데, 인플레이션이 갑자기 높아지더라도 올웨더 포트폴리오는 이에 대비가 되어있다.

Q4. 올웨더 포트폴리오로 어느 정도까지 자금 운용이 가능한가?

이 책에서 제시한 ETF만으로 운용한다면 수백억 원까지는 문제없다. 조금 더 유동성이 높은 ETF를 이용하면 수백조 원까지도 가능하다. 브리지워터에서 올웨더 펀드로 운용하고 있는 자금은 약 80조 원이다. 거의 모든 자산시장에 투자하고 있어 이렇게 많은 금액으로 운용할 수 있다.

포트폴리오에서 주요자산이라고 할 수 있는 것은 전 세계 주식과 전세계 채권인데, 각 자산군의 전체 가치를 살펴보자. 전 세계 주식의 시가총액은 2018년 기준으로 44조 달러[48]이다. 전 세계 채권시장의 크기는 2017년 기준으로 약 100조 달러[49]이다. 이 정도 크기의 시장에는 우리의 자금으로는 무슨 짓을 해도 영향을 주기는 어렵다.

다만, 올웨더에서만 이용하는 특수자산군들은 주의가 필요하다. 예를 들면, 물가연동채LTPZ나 이머징마켓 장기채EMLC나 미국 회사장기채 VCLT 같은 상품들이다. 2019년 10월 기준 각 ETF의 시가총액을 보면, LTPZ는 3천억 원, EMLC는 약 5.3조 원, VCLT는 약 5.2조 원이다. LTPZ의 시가총액이 3천억 원이으로 다른 자산군에 비해 상대적으로 적다.

Q5. 전략이 공개되면 수익률에 영향을 주지 않는가?

올웨더 포트폴리오를 비롯한 각종 자산 배분 전략은 널리 공개되어도 향후 수익률에 영향을 주지 않는다. 왜냐하면 이런 전략들은 '매수 후 보유'하기 때문이다. 자산군의 전체 시장 규모가 커지는 데 베팅하는 것이다. 혹시 시장에 충격이 생겨도 그것과 반대로 움직여서 오히려 시장에 일어날 급격한 가격변화를 완화해줄* 것이다. 그렇기 때문에 필자도 이렇게 책을 통해서 마음 편히 공개할 수 있다.

◆　　주가가 급격히 떨어지면 리밸런싱 이론에 따라 더 많이 매수하게 된다.

Q6. 모두가 같은 전략을 사용하면 어떻게 될까?

크게 걱정하지 않아도 된다. 이 책을 읽는 여러분을 비롯해서 결국 사람은 자신이 하고 싶은 대로 할 것이다. 올웨더 포트폴리오에서 담고 있는 자산들은 대부분 패시브한 투자자산이기 때문에 이 질문은 결국 모두가 패시브 투자를 하면 어떻게 되느냐 하는 질문과도 일맥상통한다. 켄 피셔에 따르면, 패시브 투자자들은 패시브하게 투자하지 않는다. 일단 그들은 돈을 맡기고 수익이 날 때는 가만히 있지만, 조금이라도 손해가 나기 시작하면 돈을 전부 인출하고, 더 좋아 보이는 전략 혹은 펀드를 찾아 나선다. 통계를 내보면 패시브 투자자산에 평균적으로 자금을 두는 기간이 18개월 정도라고 한다. 그들의 투자자산이 운용되는 방식이 비록 패시브할지언정 그들의 투자는 패시브하지 않다. 리밸런싱 주기도, 돈을 증액하거나 인출하는 주기도 투자자 마음대로이다. 같은 주기로 하지 않는다. 비율도 그렇고, 특정 이벤트에 따라 반응할 것이다. 자산 배분의 비율이나 자산 배분을 할 때 투자하는 자산들도 제각각이다. 어떤 사람은 주식 대신에 소형주를 넣고 싶어 하고, 어떤 사람은 금을 추종하는 ETF 대신 금광회사 주식을 사고 싶어 한다. 각자가 선호하는 스타일이 다르고, 그런 스타일을 꾸준히 지속하지도 못하기에 모두가 같은 전략을 사용할 것이란 걱정은 기우에 불과하다.

Q7. 슬리피지를 줄이려면?

올웨더 포트폴리오를 운영하다 보면, 앞에서도 언급했듯이 유동성
이 떨어지는 ETF들이 존재하는데, 이런 ETF를 매수하려고 할 때는 현
재가보다 조금 더 비싼 가격에 주문해야 체결이 되고, 매도하려고 할
때는 현재가보다 조금 싸게 주문해야 체결이 된다. 이렇게 체결을 위
해 지불하는 비용을 슬리피지Slippage라고 한다.

> ᵈᵈᵈᵈ **단테의 도움말**
>
> ### ETF와 LP
>
> 거래량이 적은 ETF는 거래 상대방이 존재하지 않을 수 있다. 만약 이렇다면, 거래
> 자체가 안될 수가 있는데, 이런 상황에 대비하기 위해 ETF를 운용하는 업체들은
> LP(Liquidity Provider, 유동성 공급자)들을 이용한다. 이들은 매도를 적정가격보다
> 약간 비싸게 걸어놓고, 매수를 적정가격보다 약간 싸게 걸어놓는다. 이것은 투자자
> 와 LP 모두에 윈윈인데, 투자자 입장에서는 LP가 없었다면, 거래가 불가능했을 ETF
> 를 매수·매도 할 수 있어서 좋다. LP 입장에서는 적정가보다 약간 비싸게 팔고, 적
> 정가보다 약간 저렴하게 매수함으로써 차익거래를 할 수 있어서 좋다.

실전에서 슬리피지를 줄이기 위해 어떤 노력을 할 수 있을까?

■ 아무것도 하지 않는다

아무것도 하지 않아도 되는 이유는 슬리피지가 존재하지만 크진 않
기 때문이다(0.3%~0.5%, 30~50bp). 슬리피지는 리밸런싱할 때마다 발생
하는데 뱅가드에서는 자산 배분 투자자에게 이상적인 리밸런싱 주기

로 1년을 추천했다.[50] 리밸런싱 주기가 1년이라면 슬리피지가 이 자산
배분 전략에 미치는 영향은 작아진다. 그리고 거래를 하더라도 회전율
이 100%가 아니다. 처음 매수할 때는 회전율이 100%겠지만, 그 이후
리밸런싱을 하기 시작하면, 회전율은 미미해진다. 1년에 전체 자산군
에 대해서 20~30% 내외 정도이다. 그나마 거래량이 적어 슬리피지가
많이 발생하는 물가연동채 ETF인 LTPZ는 투자 비율이 18%인데, 매년
20% 정도 리밸런싱되고 거기서 슬리피지가 50bp씩 생긴다고 계산해
보면, 18%×20%×0.5%이다. 이 수치는 매우 작아서 무시해도 된다.
매년 100%씩 리밸런싱한다고 해도 작다.

■ 유동성이 큰 대체 ETF로 교체한다

LTPZ가 유동성이 너무 낮다면, 물가연동채 ETF 중에서 가장 규모가
큰 TIP(iShares TIPS Bond ETF, 시가총액 24조 원)으로 교체를 하자. 물론 장
기채가 아니기에 장기적으로 높은 수익이 나지 않을 수 있다. 그 외에
EDV(제로쿠폰장기채)도 거래량이 좀 적다는 생각이 들 수 있다. 그렇다
면, TLT(iShares 20+ Year Treasury Bond ETF/미국 장기채 만기 20~25년 ETF)로
대체할 수도 있다. TLT의 시가총액(22조 원)과 거래량은 어마어마하다.
다만, TLT가 가격의 움직임 폭은 더 작고, 초장기 기대수익은 더 작을
수 있다.

Q8. 중국에 투자를 더 하고 싶다면?

중국 투자에 매력을 느끼는 이유

2017년 기준으로 중국의 GDP는 무려 12.24조 달러로 미국의 19.39조 달러와 큰 차이가 나지 않는다. 미·중 무역갈등이 심화되면서 어느 나라가 승자가 될 것인지에 대한 전 세계적인 관심이 쏠리고 있다. 어떤 사람들은 단기적으로는 알 수 없으나 장기적으로는 중국이 이 싸움에서 승리할 것으로 보기도 한다. 레이 달리오는 브리지워터의 유튜브 채널에서 중국 투자를 반드시 해야 한다고 강조했다. 레이 달리오에 따르면, 장기적인 시계열로 봤을 때 1등 국가였던 나라는 매번 바뀌어왔다. 독일, 네덜란드, 인도, 스페인, 프랑스, 미국 등이 세계 1등 국가였다. 한 국가가 잘 나가다가도 다른 국가가 성장하면서 1등 국가의 아성에 도전했다. 이겨서 뒤집은 케이스도 있고, 일본처럼 미끄러진 케이스도 있다. 중국이 미국을 결국 넘어설지 알 수 없지만, 현재 두 국가가 충돌하는 모양새이고, 이러한 상황에서는 한 국가에 집중투자하는 것보다는 양쪽에 모두 베팅하는 편이 현명하다.

이러한 상관관계는 논리적으로도 이해된다. 미국과 교역을 많이 하는 국가들(일본, 유럽, 영국)일수록 상관관계가 높고, 교역을 적게 하는 국가들(중국, 남아공, 브라질, 터키)의 상관관계가 낮기 때문이다. 이것은 투자자에게 좋은 기회이다. 앞으로 어떻게 될지는 알 수 없지만, 중국과 미국의 경제가 당분간 서로 다른 길을 가게 될 여지가 있다. 다만,

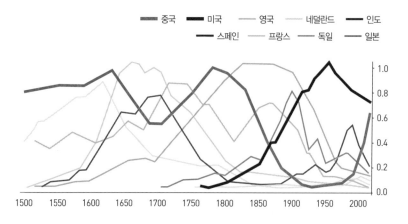

■ 그림 6-2 | 각 시대의 강대국들(여러 지표를 통합하여 힘의 정도를 표기)

중국이 분산투자diversification 관점에서 좋다는 것일 뿐 중국주식에만 집중투자하는 것은 바람직하지 않다. 한 국가의 주가가 수십 년 동안 횡보하는 일이 흔하다는 것을 위에서 설명한 바 있다.

주식 ETF에서 중국 비율이 낮은 이유

올웨더 포트폴리오에서는 주식으로 VT'Vanguard Total World Stock ETF에 투자하고 있다.

[그림 6-3]에서 볼 수 있듯 2019년 10월 기준으로 VT에서 중국 비율은 3.18%밖에 안 된다. 2018년 기준[51]으로 전 세계 주식시장에서 중국이 차지하는 비중이 7.54%나 되는 것과 차이가 크다. 시가총액 비중과 VT에서의 투자 비중이 왜 다른 걸까? VT가 추종하는 FTSE All Cap

■ 그림 6-3 │ VT의 국가별 투자 비중

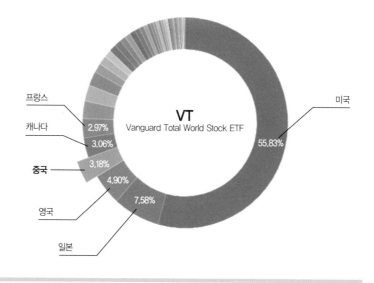

프랑스 2.97%
캐나다 3.06%
중국 3.18%
영국 4.90%
일본 7.58%

VT
Vanguard Total World Stock ETF

미국 55.83%

Index는 전 세계 주식을 시가총액 가중으로 인덱스를 만들지만, 유동
주식Free Float, 외국인 투자가능Liquidity 여부를 반영한다고 되어있다. 이
때문에 중국의 비중 차이가 커지는 것이다. 하나씩 확인해보자.

■ 유동주식Free Float의 차이

Free Float는 유동주식 혹은 유통주식이라 번역하는데, 상장시장에
서 매수·매도가 가능한 주식을 말한다. 비유동주식Non Free Float은 보호
예수가 걸렸거나 최대주주가 경영상의 이유 혹은 그 외의 이유로 절대
팔 수 없는 주식을 말한다. 시가총액이 아무리 높다 해도 유동주식의
비중이 작으면 유동성이 떨어진다. 중국은 사회주의 국가라 중국 전체

주식의 상당 부분을 국가가 갖고 있다. 그래서 유동주식의 시가총액만을 기준으로 인덱스를 만들면 비유동주식의 비중이 큰 회사들은 시총이 더 작은 것으로 인식된다. FTSE All Cap Index만 그런 건 아니고, 대부분의 인덱스*는 유동주식 기준의 시가총액 방식을 선호**하는데, 왜 그럴까? 매매 가능한 주식들이 시장을 더 정확하게 반영한다고 생각하기 때문이다. 중국 정부가 가진 주식들의 가격들은 조작될 가능성도 있기 때문이다.

■ 외국인 투자 가능 Liquidity 여부

FTSE All Cap Index의 설명에 나오는 Liquidity Screen에 해당하는 부분이다. 중국 주식시장은 외국인에게 100% 개방되어 있지 않아서 외국인 투자자들이 중국본토주식에 투자할 수 있는 총금액에 한도가 있어,*** 그것이 인덱스를 구성할 때 반영됐다. 다만 2019년 9월 뉴스에 따르면, 중국에서 외국인 투자 유치를 위해 2020년에 투자금 한도를 폐지한다고 한다.[52]

이런 부분들 때문에 VT를 비롯한 중국을 포함한 ETF들에서 중국의 비중이 다른 국가들에 비교해 상대적으로 낮다. 하지만 인덱스를 구성할 때 괜히 이런 요소들을 반영하는 것은 아니기에 투자자의 신중한 접

◆ 　더 많은 자금이 추종하고 있는 MSCI 인덱스도 유동주식 기준으로 인덱스를 계산한다.
◆◆ 　모두 그런 것은 아니므로 직접 해당 ETF 소개서를 읽어보는 게 좋다.
◆◆◆ 적격외국인기관투자자와 위안화 적격외국기관투자자라는 제도 때문이다.

근이 필요하다.

중국 투자 비중을 높이고 싶은 경우

그렇다면 중국의 투자 비중을 높이고 싶다면 어떻게 하는 게 좋을까? MCHI iShares MSCI China ETF 같은 중국 ETF의 비중을 5% 혹은 10%까지 높이는 방법이 있다.

Q9. 2020년 자산시장 전망

2020년에는 어떤 자산군이 가장 좋을까? 레이 달리오는 최근에 〈패러다임 시프트〉를 발간[53]했는데, 여기에 힌트가 있다. 'Paradigm Shifts'라는 제목에서도 알 수 있듯 자산시장의 가격은 특정 패러다임*이 우세한 경우가 있으며 일반적으로 10년을 주기로 그 패러다임이 바뀐다. 그런데 많은 투자자는 지난 10년의 트렌드가 앞으로도 계속될 것으로 여기고 투자했다가 큰 손해를 본다. 2008년 금융위기가 일어났을 때 중앙은행FRB은 선제적으로 대응을 했다. 금리를 바로 제로까지 내리고, 양적 완화를 통해 엄청난 양의 채권을 매입했다. 채권시장뿐 아니라 주식시장까지 흘러 들어간 이 자금들은 자사주매입이나 M&A, 사모펀드, 벤처캐피털 등에도 흘러 들어갔다. 2020년대의 고민이 바로 여기에서 시작된다.

이미 금리는 내릴 만큼 내렸고, 채권의 가격도 받칠 만큼 받쳐서 이제는 채권에서 이자를 거의 기대할 수 없게 되었다.** 이런 상황에서 더 이상 채권이 안전자산으로 보이지 않는다. 경제위기가 오면 중앙은행은 다시 돈을 찍어낼 것이다. 돈의 가치가 낮아진 상황에서 투자자들은 매력도를 잃은 채권보다 부를 안전하게 보관할 수 있는 실물자산에 관심을 보일 것이고, 그 실물자산의 대표는 가장 역사성을 지닌 자산인 금일 것이다. 다만, 금이라는 자산이 주목받는 시기가 2020년이될지 2021년이 될지 2022년이 될지 혹은 그 이후가 될지는 알 수 없다. 코로나19가 전 세계적으로 유행함에 따라 레이 달리오는 '투자의 패러다임'이 바뀌기 시작했다고 선언했다. 금'만'을 투자해야 한다는 얘기가 아니다. 레이 달리오의 주장은 금'도' 투자해야 한다는 데 방점이 찍혀있다. 2020년대에 주식과 채권의 가격은 다른 자산군 대비 어려워질 수 있으나 올웨더 포트폴리오에 있는 자산들의 가격은 대부분 서로 다르게 움직이고, 주기적으로 리밸런싱을 통해 그 이득을 취해나갈 수 있으니 우리는 결국 포트폴리오를 그대로 운영하기만 하면 된다.

◆　'미국주식은 무조건 올라간다. 부동산이 무조건 상승한다'와 같은 믿음을 말한다.
◆◆　채권의 가격과 이자율은 반비례 관계이다.

Q10. 올웨더와 올시즌스 포트폴리오, 어떤 차이가 있을까?

책의 초반부에서 언급한 《머니》에서 소개된 올시즌스 포트폴리오와 브리지워터에서 운용하는 올웨더 포트폴리오는 어떤 차이가 있을까? 레이 달리오는 어떤 ETF에 투자를 해야 하는지 명확히 밝힌 적은 없지만, 가장 비슷한 ETF를 임의로 선정했다.

먼저 올시즌스 포트폴리오를 보자.◆

■ 표 6-3 | 올시즌스 포트폴리오 투자 비율

ETF 이름	자산군 이름	비율
VTI	미국주식	30%
DBC	원자재	7.5%
IAU	금	7.5%
TLT	미국 장기채	40%
IEF	미국 중기채	15%

주식의 국가 선택은 적절한가?

올시즌스에서 주식에 투자할 때 미국만 선택한 것은 아쉽다. 이것은 브리지워터에서 직접 발간한 문서 〈지역적 분산 투자가 반드시 필요한

◆   레이 달리오는 특정 ETF를 언급하진 않았다.

이유Geographical Diversification Can Be a Lifesaver〉에서 반대하는 투자다.[54] 이 문서에서는 브리지워터는 주식, 채권 모두 국가별 분산이 반드시 필요하다고 강조했다. 미국 증권거래위원회SEC를 통해 공개된 브리지워터의 주식 포트폴리오를 봐도 미국 외에도 다른 국가의 비중이 상당하다.

중기채는 의미 있는가?

중기채와 장기채는 비슷한 자산이다. 유일한 차이는 만기뿐이다. 2003년부터 2019년까지 중기채 IEF와 장기채 TLT의 상관관계는 0.91이나 된다. 이렇게 상관관계가 높은 자산군은 포트폴리오에 편입돼도 분산효과가 적다. 레이 달리오의 《원칙》[55]에서는 상관관계가 낮은 자산군들로 포트폴리오를 구성해야 한다고 강조했다. 레이 달리오도 신흥국 채권이나 물가연동채, 회사채 등을 추천하고 싶었으나 《머니》가 나왔던 시기에는 이러한 채권 ETF들이 존재하지 않거나 유동성이 적어서 투자하기 애매했고, 각 자산군의 작동 원리에 대해 설명하는 게 어려우니 단순한 포트폴리오를 추천했을 것이라 추측한다.

인플레이션 대비가 되어있는가?

올시즌스 포트폴리오에서 인플레이션 대비가 가능한 자산군은 금과 원자재뿐이다. 하지만 금의 대체재가 나타나거나 수급적인 이유로 높은 인플레이션에도 금의 가격이 오르지 않을 수 있다. 이런 상황에서는 물가상승을 온전히 방어할 수 있는 다른 자산군이 필요하다. 대표적으로 물가연동채가 있다. 물가연동채는 소비자물가지수CPI에 연동되어있어 인플레이션이 높을 때는 가격이 따라 오른다. 이머징마켓 채권도 훌륭한 인플레이션 방어 자산군이다. 높은 인플레이션은 실물자산 등을 수출하는 국가들의 무역흑자로 이어지고, 결국 약달러로 이어지기 때문이다.

Q11. 마켓 타이밍을 맞추면 성과가 더 좋지 않을까?

많은 사람이 투자에서 정확한 타이밍을 추구하려고 한다. 특히 언제 사야 하는가, 언제 팔아야 하는가에 대한 질문이 가장 많다. 아래와 같은 식이다.

'요즘 경제 전망이 너무 어두운 것 같아서……. 곧 떨어질 것 같은데, 폭락 후에 주식을 사면 더 좋지 않을까요?'

'자산 배분 포트폴리오가 이번 1분기에 7%나 올랐다면서요? 글로벌 자산시장이 과열 상태인 것 아닌가요?'◆

마켓 타이밍을 추구하는 것은 인간의 본능 같다. 일반인이 투자에 관해 얘기할 때 떠올리는 것이 타이밍이다. 그런데 과연 이런 마켓 타이밍을 추구하는 것이 의미가 있을까?

◆ 2019년 1분기가 지나고 이 질문을 받았는데 그 이후에도 올웨더 포트폴리오는 더 상승해서 2019년 동안 달러화 기준 18%, 원화 기준 23%의 수익률을 거두었다.

레이 달리오가 말하는 마켓 타이밍

마켓 타이밍을 추구한다는 것은 시장의 상황을 보고 기술적인 신호 혹은 직감적인 판단에 기반하여 이 자산은 사야 해 혹은 이 자산은 팔아야 해라고 타이밍을 결정하는 행위이다. 레이 달리오는 CNBC 인터뷰에서 '일반 투자자는 어떻게 해야 하느냐?'라는 질문을 받았다. 그는 일반 투자자들은 절대 마켓 타이밍을 추구해서는 안 된다고 강조했다. 브리지워터에서는 이미 금융쪽 전공자들이 1,600명이나 되는 사람들이 그 일에 매달리고 있는데 금융에 대한 정보도 부족하고 시간도 덜 쏟고 있는 일반인이 어떻게 그들보다 더 잘 할 수 있는지 되물었다.

장단기 금리 차는 좋은 마켓 타이밍 지표일까?

장단기 금리 차 같은 시그널을 보며 지난번 경제위기 때 장단기 금리가 역전되고 1년 6개월여 만에 경제위기가 일어났으니 이번 경제위기도 똑같이 일어날 것이라고 주장하는 사람들이 많은데 너무 안일한 생각이다. 이미 시장참여자들이 그렇게 생각하고 있다면 그것이 위기가 될 가능성은 너무 적다. 장단기 금리 차는 이제는 너무 유명한 지표이다. 물론 이 지표가 은행의 수익성을 나타내는 지표이고, 역전되는 현상이 좋지 않은 신호임이 분명하나 딱 거기까지다. 그리고 일본이나 오스트리아는 장단기 금리 차가 역전이 되고도 경제위기가 오지 않았다. 모두가 알고 있는 지표는 이미 자산의 가격에 대부분 반영되었다고 봐야 한다.

장단기 금리역전 현상

장단기 금리역전은 장기 금리보다 단기 금리가 더 높은 현상을 말한다. 장기 금리는 10년 만기 채권이자율, 단기 금리는 3개월 만기 채권이자율을 의미*한다. 돈을 장기간 빌리는 게 더 리스크가 크므로 더 높은 이자율을 책정하는 것이 상식적인데, 그런 상식이 깨진 현상이다. 은행 등의 금융기관은 중앙은행으로부터 단기 금리로 돈을 빌려와 장기 금리로 대출해주며 돈을 번다. 금리가 역전되면 은행 입장에서는 돈을 벌기가 어려워지고 자연스럽게 시중에 돈이 제대로 안 풀리게 된다. 펀더멘털이 튼튼해서 돈을 빌릴 자격이 있는 회사들이 돈을 빌리기가 어려워지면서 경기 전체가 침체에 빠질 수 있다.

왜 이런 현상이 일어날까? 여러 이유가 있겠지만, 대표적인 이유를 꼽자면, 채권투자자들이 경기에 대해 어두운 전망을 갖고 있기 때문이다. 경기가 곧 침체되어 중앙은행이 금리 인하를 할 것이라 생각하는 투자자들은 장기채를 더 선호한다. 금리 인하 시에 장기채가 단기채에 비해 큰 수익을 거둘 수 있기 때문**이다. 그 결과 장기채의 가격이 상승하고, 장기 금리는 떨어지게*** 된다.

◆　　자산 배분 투자 그리고 이 책에서 말하는 '장기'는 30년 만기, '중기'는 10년 만기를 의미한다. 장기, 중기라는 정의가 주관적이다 보니 같은 단어지만 다르게 사용되기도 한다.

◆◆　채권은 발행된 시점에 이자율이 결정된다. 금리가 인하되면, 기존에 높은 금리에 연동되어 발행된 채권이 이자를 더 많이 줌에 따라 그에 대한 수요가 증가한다. 그 결과 기존에 발행된 채권의 가격이 상승하게 되는데, 단기채는 그 만기가 짧아서 상승폭이 장기채에 비해 작다.

◆◆◆ 채권의 가격과 이자율은 반비례한다.

실러 경기조정주가수익비율 지수는 적절한 마켓 타이밍 지표일까?

실러 경기조정주가수익비율 지수Shiller CAPE Ratio의 마켓 타이밍 설명력이 가장 높다고 알려져 있다. 하지만 가장 잘 설명한다고 알려진 이 지표조차 '10년' 정도의 긴 기간에서의 설명력이 50% 정도밖에 되지 않는다. 1년 이내 기간의 매수·매도 타이밍에 참고하기에 많이 부족하다.[56] Shiller CAPE Ratio가 역사적인 평균보다 1 표준편차만큼 높은 시기를 '비싼 시기'라고 정하고 보면,

① 3년 이내에 10%의 가격 조정이 나올 확률은 56%에 불과하다.

② 44%에는 가격 조정이 없고, 오히려 30% 상승했다.

①과 ②를 종합해 기댓값을 계산해보면, 오히려 '비싼 시기'에 매매를 쉬는 게 손해다.

더욱 심각한 문제는 주식시장의 데이터는 100여 년밖에 없어서 이 지수가 유의미하다고 판단을 내리기에 필요한 데이터의 기간이 부족하다는 것이다.

⌁ 단테의 도움말

실러 경기조정주가수익비율 지수

Shiller CAPE(Cyclically-Adjusted Price Earnings) Ratio는 노벨경제학상을 받은 예일대학교의 로버트 실러(Robert Shiller) 교수가 전체 주식시장의 가치평가를 위해 창안한 지수이다. S&P500의 실질 가격과 S&P500 실질 EPS의 과거 10년 평균을 토대로 계산된다. 단순하게 설명하면, 미국의 기업들의 주가가 그들이 벌어들이는 이익에 비해 높은지 낮은지 측정하는 지표이다. CAPE 지수가 높으면, 이익에 비해 주가가 비싸다는 것이고, CAPE 지수가 낮으면, 이익에 비해 주가가 싸다는 의미이다.

퇴직연금을 건드렸던 사람들

뱅가드의 보고서 〈대부분의 뱅가드 퇴직연금 투자자는 투자원칙을 유지했을 때 무난한 수익을 거두었다 Most Vanguard IRA investors shot par by staying the course〉[57]에서는 개인퇴직연금에 투자한 사람을 두 집단으로 나누어 수익률을 분석했다. 한 집단은 자신의 퇴직연금 펀드에 전혀 개입하지 않은 사람이고, 다른 집단은 자신의 퇴직연금 펀드를 개입한◆ 사람이다. 5년 동안 58,000여 개의 계좌를 분석한 결과 두 집단의 수익률 차이는 어떠했을까? 개입하지 않은 사람의 수익률이 연평균 1.37% 더 높았다.

며칠 혹은 몇 주만 주식시장에서 빠진다면 수익률은 어떻게 될까?

래리 스위드로Larry Swedroe의 글 〈조정장은 맞서는 게 낫다 Better to face correction〉[58]에 따르면, S&P의 1927~2016년간 평균 월간수익률은 0.95% 였다. 평균 분기 수익률은 3.0%였다. 1,092개의 달을 분석해본 결과.

① 1,092개의 달 중에 가장 성적이 좋은 91개의 달을 제외하면, 나머지의 달의 월간수익률 평균은 거의 0%(0.1%) 였다. 다시 말해, 8.5%(91/1092)의 달에서만 수익이 대부분 만들어졌다는 것이다.

② 그리고 그 상위 91달의 월간수익률 평균은 10.5%였다.

우리가 신이 되어 1,092개 중에 성적이 가장 좋은 91개의 달만 고를 수 있다면 행복하겠으나 현실은 그렇지 않다. 90% 이상의 달에서는 수

◆　중간에 펀드를 환매하거나 중간에 비중을 바꿈

익률이 마이너스인데 특정한 몇 달에서만 높은 수익률이 난다. 우리가 그 타이밍을 놓치게 되면, 수익률 대부분을 잃게 된다. 마켓 타이밍을 추구하다가 본전도 못 찾는 것이다. 산술적으로 1,092개 중에 가장 좋은 91개를 선택하는 것은 아주 힘든 일이다. 이것은 '월' 대신에 '일'로 해도 크게 다르지 않다. 만약 최근 10년 동안 일별 수익률이 가장 높았던 90일 동안 미국주식시장에 참가하지 못했다면 수익률이 어떻게 될까? 찰스 엘리스Charles Ellis의《패자의 게임에서 승리하기 Winning the Losers game》[59]에 따르면, 22%의 손실을 본다. 캐나다 주식시장에서도 '특정한 날'에 주식시장에 참여했는지가 수익의 대부분을 결정한다. 1976년에서 2016년까지 캐나다 주식시장의 수익률은 연평균 6.35%였는데, 가장 좋은 20일만 시장에서 빠져있어도 그 수익률은 연평균 3.01%로 절반 이하가 된다. 최악을 피하고 주식시장에 계속 머물러서 꾸준한 수익률을 얻는 것이 더 현명한 선택이 아닐까?

2008년에 미국 시장 하락을 예측한 개인투자자의 비율은 얼마나 될까?

앞서 언급했던 투자커뮤니티 보글헤즈boglehead에서는 연례행사가 있다. 보글헤즈의 회원들은 연초가 되면 자신이 예측하는 S&P500 지수의 연수익률을 게시판에 쓴다. 2000년 이후로 개인들이 올해 수익률을 어떻게 예측했는지 볼 수 있다. 이 중에서도 금융위기가 있었던 2008년의 예측치가 참 흥미롭다. 2008년 보글헤즈 회원 248명 중에서 몇 명이 S&P500 지수가 하락할 것이라고 예상했을까?[60] 단 2명이다.

경제위기가 곧 온다는데요?

블로그 등을 통해 필자가 가장 많이 받는 질문이다. 투자하는 사람들은 손실에 민감하므로 자신이 투자하기 시작한 시점부터 경제위기가 오지 않을까 걱정하는 것은 자연스러운 현상이다. 구글에서 금융위기 혹은 IMF라는 키워드로 검색하면 아래와 비슷한 기사들을 쉽게 찾을 수 있다. 매년 1개씩 무작위로 고른 것인데, 실제 발행된 기사는 이보다 훨씬 많다.

- 2009년 한겨레 – 보험사 너마저 금융위기 '제3 진앙' 우려[61]
- 2010년 한겨레 – 돈 풀어도 통화량 안 늘어 이러다 디플레이션?[62]
- 2011년 디지털 타임스 – IMF 세계 경제 새로운 위험국면 진입[63]
- 2012년 조선일보 – 전 세계로 확산하는 채무 디플레이션[64]
- 2013년 이투데이 – 디플레이션 공포 다시 고개[65]
- 2014년 매일경제신문 – 원고 지속 땐 외환위기 지속 가능성[66]
- 2015년 조선비즈 – 단독, SK 제2의 글로벌 경제위기 대비하라[67]
- 2016년 오마이뉴스 – 앞으로 2년 한국 금융위기 가능성 90%[68]
- 2017년 문화일보 – 경제전문가 67% '올해 IMF 사태급 경제위기 올 듯'[69]
- 2018년 노컷뉴스 – 미 금리 인상 시 자본유출 외환위기 올 수도[70]
- 2019년 매일경제 – 경제전문가 절반 '리먼 사태급 위기 가능성'[71]

왜 미디어는 이런 기사를 쓸까? 바로 조회수 때문이다. 기자들의 이해관계는 조회수와 연결되어 있다. 기자들이 정확한 정보를 전달하지 않아도 큰 문제가 발생하지 않는다. 특히나 경제 쪽은 너무 복잡해서 안 좋은 부분을 찾아내려면 얼마든지 찾아낼 수 있다. 마치 아무리 건강한 사람도 가만히 들여다보면 건강하지 않은 부분을 찾을 수 있는 것과 같다. 또한, 기자들은 극단적인 주장을 하는 사람들을 좋아한다. 극단적인 주장은 사람들의 공포를 자극하고, 공포를 자극하면 그 기사가 잘 팔리기 때문이다. 경제위기가 올 거라는 확신이 있다면, 인버스 ETF나 옵션을 해야 한다. 그리고 그 타이밍을 정확하게 포착할 수 있다면 파생상품투자를 통해 엄청난 돈을 벌었을 것이다. 은퇴하여 행복하게 살면 되는데 굳이 유튜브나 블로그 혹은 경제방송에서 하락장이 온다는 경고를 할 필요가 없다. 미디어도 문제지만 유튜브에는 이런 과장된 주장이 더 많다. 이런 기사로 인해 가장 피해를 받는 사람들은 누굴까? 대중이다. 안타까운 부분이다. 미디어의 영향으로 매크로 경제에 대한 잘못된 인식을 갖고 투자를 주저하게 만든다. 많은 사람이 막연한 걱정에 휩싸여 투자는 하지 않은 채로 현금만 보유하며, 2008년과 같은 경제위기를 계속 기다린다. 2009년부터 경제뉴스를 꼼꼼히 읽으면서 저런 기사를 굳게 믿었다면 높은 수익률을 얻지 못했을 것이다. 모든 기간 투자는 하지 않은 채 현금만 꼭 쥐고 있었을 테니 말이다.

하워드 막스는 투자자는 늘 두 가지의 리스크를 명심해야 한다고 얘기한다.

> 리스크 1 – 투자한 자산의 가격이 하락하는 리스크
> 리스크 2 – 투자를 하지 않음으로써 수익을 놓치는 리스크

투자자는 리스크 1과 리스크 2를 냉정하게 비교해보고 선택을 해야

한다. 의외로 많은 사람이 리스크 2를 간과하는 듯하다. 리스크 2도 리스크 1 못지않은 위험이다.

부정적이고 근시안적인 대중매체

켄 피셔의 《역발상 주식투자》[72]의 마지막 장인 '부정적이고 근시안적인 대중매체'에 따르면 1960년대부터 미디어는 자극적인 오늘날의 경제뉴스, 유튜브 등과 크게 다르지 않았다. 1960년대에는 경제 미디어가 없어서 양질의 기사와 뉴스들만이 생산됐는데, 1980년대가 되면서 케이블TV가 생기고 다양한 신문사가 생기기 시작하면서 시장이 바뀌기 시작했다. 거기에 블로그까지 등장하면서 이 문제는 더욱 심각해졌다. 블로그에는 편집기준도 없고 팩트를 검증할 의무도 없었기 때문이다. 가명 뒤에 숨어서 무책임한 글을 쏟아내도 되었고, 글이 선정적일수록 더욱더 입소문이 나서 성공하게 되었다. 선정적인 기사들이 보도되는 동안 사려 깊은 기사들은 매장되었다. 편집자들은 사람이 이익에서 느끼는 기쁨보다 손실에서 느끼는 고통이 더 크다는 것을 이미 알고 있었기에 그런 약점을 활용한 것이다. 2009년 이후 대중매체는 주가를 떠받치는 요인이 연준의 양적완화 때문이고, 그것이 중단되면 주가가 폭락할 것이라고 꾸준히 주장했지만 양적완화가 멈춰진 이후 주가 폭락은 일어나지 않았다. 시장은 바보가 아니므로 그런 부분을 이미 다 반영을 해놓았기 때문이다. 켄 피셔가 책을 쓸 무렵(2014년)에 '애플'을 구글에 검색하면 애플에 대한 부정적인 기사들이 쏟아졌다.

- Bloomberg – 피고석에 앉은 애플: 10억 달러짜리 독점금지법 소송에서 공모자로 몰린 스티브 잡스
- Reuters – 애플 아이팟에 대한 독점금지법 소송에 등장한 스티브 잡스의 이메일
- The New York Times – 애플 소송의 핵심 증인은 여전히 스티브 잡스
- Time – 애플 주식이 과대평가된 매우 단순한 이유

하지만 현재 애플의 기업가치는 2014년보다 2배 이상으로 올랐다.

그 외에도 말도 안 되는 경고성 뉴스들이 너무 많다. 1894년 런던의 타임스지는 50년 안에 런던 전역에 말똥이 약 3미터나 쌓일 것이라고 예측했다. 1956년 물리학자 킹 허버트는 가까운 장래에 석유의 생산량이 정점에 도달한 후 계속 감소해 마침내 바닥날 것이라는 주장(피크 오일)을 했다. 그러나 석유 생산량은 감소하지 않았다. 미국에서 셰일가스가 개발되면서 호황이 시작되었고, 피크 오일 또한 말똥론처럼 비웃음의 대상이 되었다.

우리가 가진 가장 소중한 자원은 시간이다. 오늘 이 시간에도 수많은 기자, 블로거, 유튜버가 우리의 소중한 자원을 빼앗으려고 고민하고 있다. 호기심을 자극하는 제목과 카피로 범벅이 된 영상을 보느라 시간을 빼앗기지 말자. 자신에게 도움이 되는 자료들을 찾는 데 시간을 쏟아보자.

우리는 형편없는 마켓 타이머임을 기억하자

지금까지 몇 페이지에 걸쳐 일반인이 좋은 마켓 타이밍을 추구하는 것이 얼마나 어려운지에 대해 논했다. 거리에 피가 홍건할 때 매수

할 수 있는 사람들이 얼마나 있을까? 확률적으로 이 책을 읽는 사람의 99%는 그런 행위를 하지 못할 것이다. 그렇기 때문에 우리가 형편없는 마켓 타이머임을 인정하고, 끔찍한 상황에 미리 대비하는 수밖에 없다. 경기불황이 언제 올지 모르니 불황에 강한 자산들을 일정 비율 보유해야 한다. 경기호황 역시 언제 올지 모르니 호황에 강한 자산들도 일정 비율 유지해야 한다. 마켓 타이밍은 누구도 알 수 없다. 이것이 자산 배분의 기본철학임을 명심하자.

- 금리의 방향을 예측하는 것은 주가의 방향을 예측하는 것만큼이나 어려운 일이다.
- 마이너스 금리 시대가 오더라도 올웨더에서 하는 기본 가정들이 바뀔 것이라 생각하진 않지만 각별한 주의가 필요하다.
- 올웨더 포트폴리오는 개인이 수백억까지 운용하는 데는 큰 문제가 없고, 조금 더 유동성에 신경 쓴다면 더 큰 단위의 돈까지 운용할 수 있다.
- 올웨더 포트폴리오는 시장수익률을 추구하는 전략이므로 대중에게 공개된다고 해서 특별히 수익률이 줄어들지는 않는다.
- 우리는 언제나 언제 사야 하는지 혹은 언제 팔아야 하는지를 궁금해하지만 완벽한 타이밍이라는 것은 존재하지 않는다. 그것이 존재한다고 해도 우리는 확률적으로 그 타이밍을 잡지 못할 확률이 높고, 오히려 타이밍을 추구하지 않을 때 리스크 대비 더 높은 수익을 거둘 수 있다.

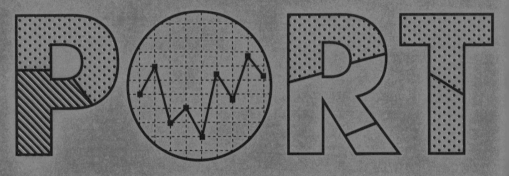

ALL WEATHER PORT

7장

주화입마를 주의하라

A L L
WEATHER
PORTFOLIO

'주화입마'는 무협 소설에서 볼 수 있는 단어이다. 지나치게 무공을 단련하다 부작용이 온 것을 의미한다. 7장부터는 자산 배분 투자의 중급자 정도 되는 분들을 위한 내용이다. 자산 배분 투자에 대해서 어느 정도 이해하고 백테스트를 자유자재로 하게 되면 다양한 전략들이 눈에 들어오고 자칫 갓길로 빠질 수 있다. 다양한 전략들을 추구하기 전에 이번 장의 내용을 확인해보자.

4장에 소개한 올웨더 전략의 포트폴리오는 하나의 예시일뿐이다. 사람들은 포트폴리오 비율을 보고, 주식이 35%면 안 되나요? 혹은 주식이 30%면 어떤가요? 등등 세부 비율에 대해 질문을 하는데, 주식과 채권 그리고 원자재가 적절한 비율로 들어간다면 세세한 비율의 차이는 크게 문제되지 않는다. 미래에 특정 자산군이 다른 자산군에 비해 조금 더 수익이 잘 나올 수 있겠지만 현재 시점에서 그것을 알기는 어렵다.

스마트 베타에 대한 생각

계량투자에 관심이 많은 사람이라면, 스마트 베타라는 용어를 접한 적이 있을 것이다. 시장수익률을 추구하지 않고, 시장초과수익률을 스마트하게 추구할 수 있다는 의미에서 스마트 베타라는 이름이 붙었다.

■ 그림 7-1 | 스마트 베타, 뮤추얼 펀드, 스마트 베타 성장 추이[73]

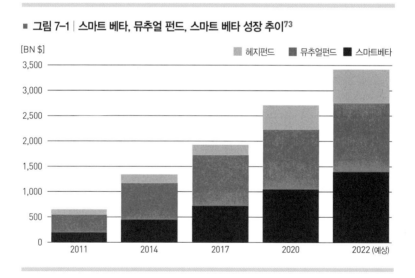

스마트 베타 ETF는 특정 팩터가 높은 주식에 투자하는 ETF이다. 특정 팩터란 각 주식이 가진 특징을 수치화한 것이다.

몇 가지 팩터를 소개해보면 [표 7-1]과 같다.

■ 표 7-1 | 주식의 주요 팩터들

팩터 이름	팩터 설명
밸류 팩터	시가총액 기준으로 영업이익이나 자산가치(장부가 기준)가 큰 기업들
모멘텀 팩터	최근에 주가 상승폭이 큰 기업들
퀄리티 팩터	적자가 없고, 부채가 적고 증자가 없고, ROE(자기자본이익률)가 높은 기업들*
로우볼 팩터	주가의 일별 혹은 주별 혹은 월별 움직임의 폭이 다른 주식들에 비해 적은 기업들

간단히 소개했지만 각 팩터를 정의하는 방식이 따로 정해져있지 않아 회사마다 자신만의 스타일을 적용한 스마트 베타 ETF를 런칭했다.

올웨더에 주식 자산군 대신 이러한 스마트 베타를 섞으면 어떨까 하는 생각이 들 것이다. 하지만 그 전에 뱅가드의 〈긴밀하게 발전해온 ETF와 인덱스 개발 Joined at the hip: ETF and index development〉74이라는 문서를 확인해볼 필요가 있다. 이 보고서에 따르면, 스마트 베타가 출시되기 전 실시한 백테스트에서는 미국 시장을 연평균 10.3% 능가했지만, 출범 이후 5년간의 실제 성적은 미국 주식시장을 연 1% 밑돌았다고 나온다. 왜 이런 일들이 일어나는 것일까? 분명히 과거에는 잘 맞아떨어졌는데 왜 이제는 그렇지 못할까? 과거 데이터를 과최적화하면서 생겼을 문제일 가능성이 크다.

◆　MSCI가 퀄리티 팩터를 정의하는 방식도 있고, AQR이 정의하는 방식도 있는 등 정의하는 주체마다 다양하게 퀄리티 팩터를 정의한다.

이렇게 과거의 데이터만을 철저하게 따르고, 파라미터를 조금씩 바꿔가며 최고의 연평균 수익률과 낮은 MDD가 나오는 전략을 선택해도 수익이 나지 않는 경우가 많다. 그래서 시스템 트레이더들은 전략을 만들 때 조건문이 많은 것을 좋아하지 않는다. 조건문이 많으면 많을수록 틀릴 가능성이 커지기 때문이다. 궁극적으로는 논리가 중요하다. 구사하는 전략은 어떤 논리에 기반한 것일까? 어떤 가정들이 흔들리기 시작하면 시장에서 안 통할까? 물론 아무리 좋은 전략이라고 해도 모든 시기에서 시장에서 잘 통하는 것은 아니라서 단기적인 휩쏘◆인지 아니면 이 전략이 쓸모없는 것인지 구분하는 일은 몹시 어렵다.

■ 그림 7-2 | 미국 주가지수와 밸류 팩터 투자의 수익률[75]

◆　　가짜 신호

어떤 팩터가 올해 더 잘 나갈지를 예측해서 투자할 수 있으면 최선이겠지만 팩터 타이밍을 예측하는 것은 전체 시장의 좋은 마켓 타이밍을 예측하는 것만큼이나 어려운 일이다. 스마트 베타의 대표적인 전략은 밸류 팩터가 높은 기업에 투자하는 것이다. 그런데 이 방법도 지수보다 수익이 안 나는 경우도 허다하다. 또한, 수익이 안 나는 기간이 장기간 이어지는 경우도 있다.

[그림 7-2]를 보면 2008년 경제위기 이후로 밸류 팩터는 장기간 수익이 안 좋았다. 여러분은 10년 동안 지수보다 나쁜 성적을 거두는 투자 전략을 계속해서 유지할 자신이 있는가? 스스로에게 한번 물어보라. 물론 모든 스마트 베타 ETF 혹은 팩터 투자가 나쁘다는 것은 아니다. 각 팩터에 대한 분석이 면밀하게 이루어져서 타이밍을 높은 확률로 예측할 수 있거나 남들이 모르는 자신만의 유의미한 팩터들을 만들어내 투자에 적용한다면 좋을 수 있다. 다만, 새로운 투자 방식을 도입할 때는 그만큼 면밀한 분석이 필요하다.

전술적 자산 배분

전술적 자산 배분이란 무엇인가?

전술적 자산 배분Tactical Asset Allocation, TAA 이란 상황에 따라 주식과 채권의 비율을 크게 바꾸는 전략을 말한다. 정적으로 자산 배분을 하다 보면 이런 생각이 든다.

'시그널에 따라 배분 비율을 동적으로 바꾸면 좀 더 성과가 좋아지지 않을까?'

얼마 전 모 블로거의 글을 우연히 보았다. 자산 배분으로 어떻게 경제위기에 대응할까를 주제로 쓴 글이었다. S&P500을 추종하는 ETF의 가격이 10% 떨어지면 S&P500을 다 팔고 미국 중기채로 전부 교체하면서 대응하겠다는 것이다. 이러한 접근이 바로 전형적인 전술적 자산 배분TAA이다. 일정 비율을 정해놓고 어떤 일이 있어도 그 비율을 끝까지 맞춰나가는 전략적 자산 배분Strategic Asset Allocation, SAA에 비해 TAA를 적용하면 스마트한 느낌도 들고, 예측하기 힘든 글로벌 장세에 더 잘 대응하는 느낌을 받는다. 대부분의 투자자는 근본적으로 타이밍을 추구하고 싶다는 욕구가 강한 것 같다.

전술적 자산 배분이 언제부터 시작되었는지 정확히 알 수 없으나 예일대학교 기금 최고운영책임자이며 전설적인 투자자로 인정받고 있는 데이비드 스웬슨David Swensen의 책《포트폴리오 성공 운용Pioneering Portfolio Management》76에서 초창기의 모습을 찾을 수 있다.

1950년대에 많은 투자자는 주식의 배당률dividend yield과 채권의 이자율bond yield에 따라 비중을 바꾸곤 했다. 배당수익률이 채권이자율보다 더 높으면 주식이 더 매력적이라고 생각했고, 반대의 상황에서는 당연히 채권을 선호했다. 1950년대 이전에 이 전략은 성과를 거두었고, 1958년까지 잘 통했다. 채권이자율이 상승함에 따라 채권에 더 많은 비중을 싣게 되었다. 그런데 1960년대에는 주식의 수익률이 훨씬 높았고, 그 결과 TAA 스타일로 투

자한 사람들은 큰 기회비용을 치러야만 했다.

데이비드 스웬슨은 TAA는 아주 어려우므로 개인투자자에겐 적합하지 않다*는 얘기를 남겼다.

그 외에도 TAA의 스타일은 다양하다. 뱅가드의 리포트 〈전술적 자산 배분 전략 평가의 기본 A primer on Tactical Asset allocation Strategy〉[77]에 따르면, TAA는 다음과 같은 시그널을 참고한다.

■ 표 7-2 | TAA에서 활용하는 주요 시그널

TAA 시그널	시그널에 대한 설명
Fed Model Signal	PE Ratio와 채권이자율을 참고해가며, 어떤 자산이 더 매력적인지 판단한다. 세계적인 헤지펀드 중의 하나인 AQR에서는 이 방법에는 큰 문제가 있다는 논문을 작성했다.[78]
Business Cycle/ Macroeconomic Signal	장단기 금리차나 크레딧 스프레드를 통한 매크로 경제의 사이클을 예측하여 자산 배분에 반영
Fundamental–Valuation Signal	PER, PE Ratio, PBR 등의 지표 등을 참고하여 자산 배분에 반영. 주식의 비중을 높인다거나 특정 국가를 선택
Momentum Signal	자산군의 가격 움직임 특히 추세가 더 좋은 자산군의 비중을 더 높임. 가격 외에 이익증가 혹은 거래량의 크기 변화를 참고함. 다음 장에서 별도로 논의함
Sentiment Signal	시장에서 투자자의 감정과 관련됐다고 생각되는 지표들(consumer confidence index나 신용거래융자 잔액)을 참고하여 자산 배분에 반영

◆　데이비드 스웬슨은 패시브 펀드를 강력 추천했다.

TAA는 잘 통하는가?

모델이 공개되기 전까지는 TAA는 시장에서 아주 잘 통하는 것처럼 보이지만, 공개가 되고 나면 시장에서 잘 먹히지 않는다.

■ 기관의 성과

어드바이저퍼스펙티브**Advisorperspective**에서는 2016년에 TAA 전략을 사용하는 펀드들의 성적을 정리했다.[79] 그 결과는 꽤 충격적이었다.

■ **표 7-3 | TAA 펀드 vs. 60/40**(2016년 7월 29일 기준)

	TAA Fund 개수	TAA Fund의 평균 표준편차 (변동성)	TAA Fund의 평균 Sharpe Ratio	60/40의 표준편차 (변동성)	60/40의 Sharpe Ratio	60/40보다 누적수익률이 높은 TAA의 수
1년	57	9.3%	0.09	9.1%	0.37	3
3년	57	7.7%	0.21	6.8%	0.90	0
5년	57	8.2%	0.24	7.4%	1.00	0
10년	24	9.9%	0.27	9.6%	0.54	2
15년	10	10.0%	0.27	9.0%	0.48	0

2016년까지 미국에서 출시된 모든 TAA 펀드 중에서 글로벌 60/40 **VBIAX, Vanguard Balanced Index Fund** 보다 성적이 좋은 펀드는 극소수였다. 15년 이상 운영된 TAA 펀드 중에서는 아예 없었고, 10년 이상 운영된 펀드 중에서도 단 2개의 펀드만이 글로벌 60/40보다 수익률이 좋았다. 3~5년 단위에서는 더 좋은 성과를 거둔 펀드가 없다. 모닝스타에서 TAA 펀드의 수익률을 조사한 결과도 크게 다르지 않다.[80] S&P500보다 높은 수익률을 기록한 뮤추얼 펀드가 거의 없는 것처럼, 기관에서 만든

TAA 펀드들 중에서 자산 배분 벤치마크인 60/40보다 좋은 성과를 거둔 펀드는 거의 없다.

■ 어째서 60/40보다 못할까?

뱅가드에서는 TAA 펀드들의 성과가 안 좋은 이유로 일반 패시브 펀드보다 높은 수수료와 잦은 거래로 발생하는 추가 비용*을 들었다. 그런 이유에 전적으로 동의하나 다음과 같은 몇 가지 이유가 더 있을 것이다.

① 경쟁자들

트레이딩 전략을 만들다 보면 돈을 많이 넣을 수 없는 유동성이 낮은 종목들에서 성과가 잘 나고, 유동성이 높은 종목들에서 성과가 저조하다. 이런 현상이 일어나는 이유는 경쟁자들 때문이다. 유동성이 높은 종목에서는 같은 전략을 먼저 하는 사람들이 존재하고, 같은 전략을 운영하는 사람이 많아지면 그 알파가 사라진다. TAA 펀드들은 글로벌 자산군**을 대상으로 투자하는데, 이런 전략을 하는 사람들의 경쟁자는 '세계 최고의 투자자들'이다. 워런 버핏, 레이 달리오, 제임스 사이먼스, 클리프 애스네스, 하워드 막스, 빌 애크먼 같은 내로라하는 투자자들이 나의 경쟁자인 것이다. 이런 사람들과 경쟁하며 최적의 타이밍을

◆　　대부분의 TAA 펀드들은 동적으로 자산 배분의 비율을 바꾸기 때문에 회전율이 높다.

◆◆　전 세계 주식, 전 세계 채권, 원자재 ETF

찾을 수 있을까? 아니면 타이밍을 포기하고 전체 시장 수익을 추구할까? 어떤 전략이 더 승률이 높다고 생각하는가?

② 샘플 사이즈가 작다

TAA 펀드들은 보통 월봉을 시그널*로 삼아 투자 결정을 한다. 대표적으로 많이 사용하는 시그널이 장단기 금리차, 혹은 고점 대비 가격 하락이다. 장단기 금리차가 역전되면 주식의 비율을 줄이고, 채권의 비율을 높인다**. 혹은 미국 주가지수가 고점 대비 10%가 빠지면 주식의 비율을 줄이는 전략도 있다***. 100년을 통틀어도 장단기 금리차가 역전된 횟수나 미국 주가지수가 고점 대비 10% 이상 빠지는 상황은 많지 않다. 그렇기에 과최적화될 가능성이 매우 높다.

TAA로 경제위기를 피해갈 수 있다고 아무리 얘기한들 경제위기가 100년 동안 몇 번 있었나? 1990년대 이후로 보면, 아시아 외환위기, 닷컴 버블, 서브프라임 모기지, 딱 세 번뿐이다. 매번 경제위기를 초래하는 원인은 달라지고, 자산군의 패러다임이 매번 바뀌는데 그 시그널들을 정확하게 예측할 수 있을까? 머신러닝이라 할지라도 샘플 사이즈가 수십만 이상이 되어야 의미 있다고 여긴다.

◆　　드물지만 주봉을 시그널로 활용하는 경우도 있다.

◆◆　2019년에 장단기 금리 역전의 시그널에서 주식의 비중을 낮춘 투자자들은 상대적으로 속이 쓰렸을 것이다. 장단기 금리가 역전된 첫해인 2019년도 S&P500은 30% 넘게 상승했기 때문이다.

◆◆◆ 이 전략 역시 최근장에서 실패했다. 2018년 말에 미국 S&P500은 고점 대비 13%까지 하락했는데, 이때가 딱 저점이었다.

③ 영원한 알파는 없다

전략이 공개되거나 혹은 시장이 변하면 알파*는 사라진다. 바이 앤 홀드가 기반인 베타 전략과 달리 알파 전략은 늘 생존위기에 놓여있다. 어제까지 잘 통하던 전략도 오늘부터 안 될 수 있다. 그렇기에 알파를 추구하는 펀드회사들은 절대 한 가지 전략에만 올인**하지 않는다. 그들은 여러 전략을 동시에 추구한다. 어떤 하나의 알파 전략도 안전하지 않고 믿을 수 없기 때문이다. 헤지펀드는 그나마 다양한 전략을 사용할 수 있지만***, TAA 펀드들은 유니버스가 정해져 있고**** 자유도가 낮은 단일 전략이다. 만약 이 TAA 펀드가 연평균 10% 이상의 성적을 내더라도 그것이 알려지면 세계 최고의 헤지펀드들이 너도나도 그 전략을 따라 하게 되어 알파는 사라진다.

④ 연평균 10% 이상의 수익률이 나오는 전략을 홍보하는 이유

TAA 펀드는 10% 이상의 수익률을 약속한다. 하지만 그 약속이 그대로 지켜지지 못할 가능성이 높다. 일반적인 자산 배분의 수익률은 8% 내외이다*****. 긴 시계열에서 그 수익률은 타이밍이 들어가거나

◆   시장초과수익을 의미. TAA 펀드는 타이밍과 비중이 들어가므로 알파를 추구한다고 봐야 한다.

◆◆   브리지워터의 퓨어 알파도 서로 상관성이 없는 수백 가지 전략의 조합으로 이루어져 있다고 밝힌 바 있다.

◆◆◆   헤지펀드는 현물 주식시장 외에도 선물옵션시장, 외환시장, 원자재 등 다양한 시장에 다양한 타임프레임(초단타, 1일 단위, 10일 단위, 월 단위)으로 투자가 가능하다.

◆◆◆◆ TAA 펀드의 투자 유니버스는 글로벌자산군(미국주식, 이머징주식, 미국채권, 해외채권, 원자재 ETF 등)이다.

◆◆◆◆◆ 포트폴리오에서 기초자산으로 포함하고 있는 자산군들의 장기적인 기대 수익률이 8%이다.

자산군의 비중을 바꿔야 가능하다. 금융상품들이 10% 이상의 수익률이 나올 것이라고 광고하는 이유는 높은 수익률이 나와야 세일즈가 되기 때문이다. 10% 이하의 수익률이라 하면 팔리지 않을 것이다. 하지만, 수많은 통계에 따르면 출시 이후의 실적은 60/40을 밑돌았다.

■ 위험과 수익에 대한 하워드 막스의 시각

이런 상황에 대해 하워드 막스가 잘 설명해주었다. [81] 일반적으로 학교에서 배우는 위험risk과 수익률return의 관계는 아래와 같다.

■ 그림 7-3 │ 일반적으로 알려진 위험과 수익의 관계

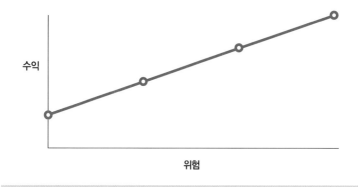

일반적으로 위험이 상승하면, 수익이 올라간다고 알려져 있다. 그러다 보니 사람들은 높은 수익을 거두기 위해 무조건 고위험의 투자를 해야 한다고 착각한다. 하지만 고위험 전략일수록 실제 수익이 뜻대로 나와주지 않는다.

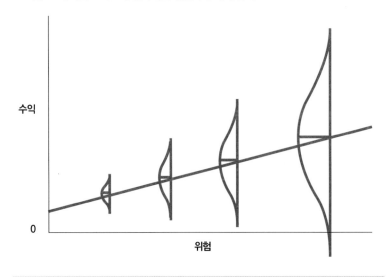

하워드 막스는 고위험 전략을 추구한다고 해서 반드시 높은 수익률이 나오지 않음을 거듭 강조했다. 리스크가 높으면 높을수록 다양한 경제환경이나 상황에 영향받고, 그 결과 수익은 확률분포에 따라* 나온다. [그림 7-4]에서 가장 좌측에 있는 전략의 장기간의 성과가 가장 우측에 있는 전략의 장기간 성과보다 훨씬 높을 수도 있다.

◆　　하워드 막스는 정규분포로 그렸지만 필자는 정규분포로 그리는 것조차 너무 낙관적이라 생각한다.

■ **TAA 케이스 스터디: 40년 동안 연평균 17%의 전략은 어떻게 되었을까?**

TAA 펀드에 투자하는 것이 어려운지에 논할 때 멥 파버Meb Faber와 그의 ETF를 빼놓을 수 없다. 그는 〈전술적 자산 배분의 계량적 접근〉이라는 논문[82]을 통해 듀얼 모멘텀 전략을 자산 배분에 적용할 때 엄청난 알파가 나온다는 것을 발견했고, 그 과정을 공개했다. 그의 논문은 투자자들에게 열광적인 반응을 얻었고, 전 세계에서 가장 많이 다운로드되었다. 그는 자산군에는 모멘텀 현상이 일어나고 있고, 매수 후 보유보다 더 높은 수익률을 내는 것이 가능함을 보여주었다. 그의 백테스트에 따르면 1973년부터 2012년까지 연평균 17%의 수익을 낼 수 있다. 그리고 그것을 GMOMCambria Global Momentum라는 이름의 ETF로 2014년 11월에 출시했다. 그 ETF는 출시 이후 어떻게 됐을까? 2014년 12월부터 2019년 12월까지 연평균 수익률 2.40%를 거두었다. 같은 기간 60/40 전략의 연평균 수익률은 6.26%, 올웨더는 연평균 수익률은 4.91%였다.◆

■ **표 7-4 | GMOM ETF의 초라한 연도별 수익률**

연도	2015	2016	2017	2018	2019
수익률	-8.54%	4.57%	20.66%	-9.61%	8.24%

이 ETF의 수익이 저조한 이유에 대해서 정확히 알 수 없지만, 부진의 원인이 논문의 다운로드 수와 관련이 있을 수 있다. 이 논문은 역대

◆ 세금과 수수료를 감안하면 이 차이는 더 벌어질 것이다.

최고로 많은 사람이 봤고, 역대 최고로 많이 참고하고 있는 전략이니 따라 하는 사람들이 많았을 가능성이 높다.

최근에는 자산군의 모멘텀에 베팅하는 전략이 부진하다. AQR도 이 부분을 인지하고 있으며 최근에 자산군의 모멘텀 현상이 사라졌다는 백서를 출간했다.[83] 여기서도 알 수 없는 이유로 자산군들의 모멘텀이 최근에 사라졌는데, 앞으로 언제 돌아올지는 쉽게 예상하기 힘들다*는 결론을 내리고 있다. 나도 이 논문의 의견에 동의한다. 모멘텀은 언젠가 다시 돌아올 것이고, 모멘텀을 기반으로 한 TAA 전략들이 60/40보다 더 높은 수익률이 나올 것이다. 다만, 투자자의 인내심은 그리 오래 버티지 못한다. 단순한 전략들보다 5~10년 이상 부진한 전략이라면 내 돈을 맡길 수 있을까?

TAA 그리고 기회비용

TAA 펀드는 다른 투자에 비해 기회비용이 크다. 데이트레이딩은 6개월만 돌려도 문제가 생겼는지 알 수 있다. 반면에 TAA 펀드**는 훨씬 긴 기간을 운용해야만 문제를 발견할 수 있다. 5년 정도는 관찰해야 한다. 5년은 긴 시간이다. 한번 잘못 선택하면 5년을 버릴 수 있으니 투자자는 보수적으로 접근해야 한다. 그 보수적인 전략은 자본주의가

◆　　하지만 언젠가는 돌아올 것이다
◆◆　TAA 펀드들은 대부분 자산 배분이고, 자산 배분의 성과를 논하려면 최소 1년 이상이 필요하다.

멸망하지 않는 이상 잘 동작하는 전략, 즉 자산군의 장기 수익률만큼의 수익을 기대하는 전략(베타 전략)이어야 한다. 나는 그 전략이 올웨더라고 생각한다.

알파를 추구하기 어려운 이유

대부분의 투자자가 시장수익률보다 높은 수익을 거두고 싶을 것이다. 하지만 꾸준히 시장수익률 이상의 성과를 거두는 것은 몹시 어렵다는 사실을 잊어서는 안 된다. 다양한 통계를 통해 미국 시장에서 초과이익을 거두는 것이 얼마나 어려워졌는지 확인해보자.

메이저리그에 4할 타자가 더 이상 나오지 않는 이유

테드 윌리엄스가 1941년 타율 4할 6리를 기록한 뒤로 메이저리그는 80년 동안 4할 타자를 배출하지 못했다. 메이저리그 타자들의 타율 평균 2할 5푼 내외로 변하지 않았다. 왜 4할 타자가 나오지 못했던 것일까? 답은 표준편차의 감소에 있다.

[그림 7-5]를 보면 1870년부터 메이저리그 타자들 타율의 표준편차는 꾸준히 감소해왔음을 알 수 있다. 이것을 '기술의 역설Paradox Of Skill'이라고 한다. 시간이 지나며 타자와 투수 모두의 기술이 상향평준화되었고, 그 결과 타자들의 타율이 평균에서 크게 벗어나지 않게 되었다. 뛰어난 타자가 나타나도 예전만큼 극단적인 결과를 기대하기는 어렵게

■ 그림 7–5 │ 메이저리그 타자들의 타율 표준편차 감소 추이[84]

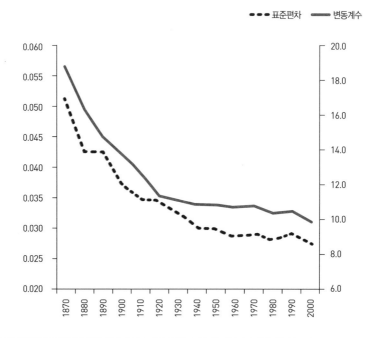

되었다. 1941년 테드 윌리엄스의 성적은 평균보다 3.5 표준편차 높은
성적*이었는데, 오늘날 4할을 넘기 위해서는 평균보다 6 표준편차 높
은 성적**을 이뤄내야 한다. 확률적으로 거의 일어나기 힘든 일이다.

◆　　약 1,000분의 1의 확률
◆　　약 10억분의 1의 확률

초과수익을 내는 매니저를 찾기 어려운 뮤추얼 펀드 업계

비슷한 일이 뮤추얼 펀드 업계*에서도 일어나고 있다.

[그림 7-6]에 따르면, 1967년만 해도 미국 대형주 펀드들의 성과는 큰 차이가 났었는데, 성과의 차이는 점차 줄어들었다. 미국 대형주로 환상적인 수익을 거두는 것은 1960년대에나 가능했던 일이다. 많은 투자 노하우들이 알려졌으며 오늘날의 펀드매니저는 과거의 펀드매니저

■ **그림 7–6** | **미국 대형주 펀드 초과수익의 표준편차 감소 추이**

초과수익의 표준편차 추이

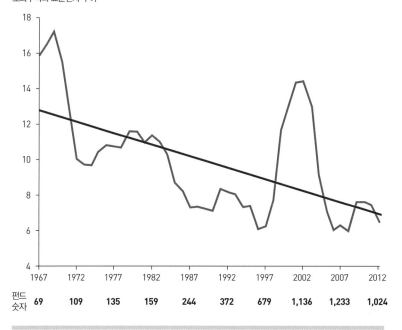

펀드 숫자	69	109	135	159	244	372	679	1,136	1,233	1,024
	1967	1972	1977	1982	1987	1992	1997	2002	2007	2012

◆   뮤추얼 펀드는 주식을 다룬다.

보다 더 많은 이론으로 무장했다.

펀드매니저들이 통계적으로 유의미한 성과를 꾸준히 만들어낼 수 있는지에 대해 지속적인 연구가 있었는데, 마이크 세바스티안Mike Sebastian은 주식 펀드매니저를 세 그룹으로 나누어 그 비율을 조사하였다.[85] 첫 번째 그룹은 통계적으로 유의미한 알파를 만들어내는 능력이 있는 매니저들이다. 두 번째 그룹은 통계적으로 능력이 없음이 밝혀진 매니저들이다. 마지막 그룹은 유의미한 초과수익(알파)을 만들어낼 수 없는 매니저들이다.

■ 그림 7-7 | **주식 펀드매니저의 역량 차이**(1989-2011년)

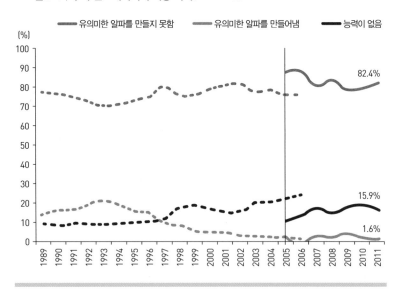

[그림 7-7]에서 중요한 것은 시장에 통계적으로 유의미한 알파를 만

들어낼 수 있는 펀드매니저가 실제로 존재하는지 여부이다. 세바스티안은 2011년 기준 1.6%의 펀드매니저들만이 통계적으로 유의미한 알파를 만들어낸다고 결론지었다. 1990년대 초에는 그래도 20% 가까이 됐으나 펀드매니저들의 실력이 점점 올라감에 따라 그 비율이 줄어들게 되었다. 유진 파마Eugene Fama와 케네스 프렌치Kenneth French의 연구에서도 비슷한 결과가 나왔다.[86] 파마는 오직 2%의 펀드매니저만이 통계적으로 유의미한 성과를 만들어낸다고 결론을 내렸다.

포화 상태의 헤지펀드 업계

주식 외의 자산도 자유롭게 다루는 헤지펀드 업계는 어떨까?

■ 표 7-5 | 헤지펀드 업계와 주요 자산군 인덱스의 연평균수익률 비교[87]

인덱스	1998~2016	1998~2003	2004~2016
HFRX Global Hedge Fund Index	4.5%	16.1%	0.6%
S&P500	6.4%	4.5%	7.7%
Bloomberg BC Aggregate Bond Index	5.1%	8.4%	4.2%
60/40 포트폴리오	6.4%	6.9%	6.7%
MSCI ACWI Ex-US Index	5.1%	4.3%	5.8%

1998년부터 2003년까지 헤지펀드의 성과는 탁월하다. 다른 자산군이 한 자릿수의 수익률을 거두는 동안 연평균 16%라는 성과를 거두었다. 하지만 2004년부터의 2016년까지의 성과는 끔찍하다. 다른 자산군들은 여전히 견고한 수익률을 거두었는데, 헤지펀드 업계만 거의 제

자리걸음을 걸었다. 헤지펀드 업계의 수익률 부진 또한 심한 경쟁에서 비롯된 것으로 보인다. 1998년에는 약 3,200개의 헤지펀드가 있었고, 그들의 운용자금은 모두 합쳐 2,100억 달러에 불과했지만 2017년에는 헤지펀드가 11,000개로 늘어났고, 운용자금은 3조 달러가 되었다.

투자업계의 경쟁은 이제 극한으로 갔다고 봐야 하지 않을까? 하버 드나 MIT에서 박사학위를 받고 수십 년 동안 금융 업계에서 생존해온 사람들조차 시장수익률을 꾸준히 넘기기 어려운 마당에 우리 같은 평범한 개인이 시장수익률 이상을 장기적으로 벌 수 있을까? 나는 회의적이다.

자산 배분 투자의 십계명

미국의 자산 배분 투자자들의 모임인 보글헤즈에는 투자철학 십계 명[88]이라는 페이지가 있다. 이 커뮤니티의 투자철학은 올웨더의 철학과 거의 비슷하다. 그래서 이 10가지 철칙을 간단히 살펴보고 필자의 생각도 추가한다.

1 | 실현 가능한 계획을 세워라 Develop a workable plan

장기적으로 실현 가능한 계획을 짜야 한다. 나쁜 부채가 있으면 최대한 빨리 청산해야 한다. 부채를 청산하지 못한 상황에서 투자하게 되면 건전한 정신으로 투자할 수 없다. 퇴직 후에 편안한 삶을 살기 위해 많은 부분을 저축해야 한다. 큰돈이 필요한 자산(집이나 부동산)을 목표로 한 건전한 투자는 큰 기쁨이다. 소득의 얼마를 저축해야 나중에 편안한 노후를 보낼 수 있는지도 미리 계산해보자. 구체적인 숫자를 확인하고 나면 목표를 달성하기가 더 쉬워질 것이다.

2 | 일찍 투자하고 자주 투자하라 Invest early and often

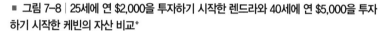

■ 그림 7-8 | 25세에 연 $2,000을 투자하기 시작한 렌드라와 40세에 연 $5,000을 투자하기 시작한 케빈의 자산 비교*

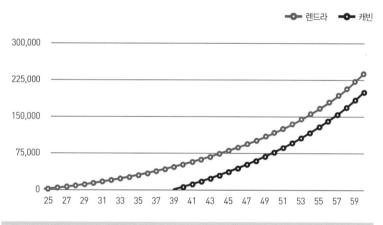

[그림 7-8]에서 볼 수 있듯, 15년 늦게 투자를 시작한 케빈은 렌드라에 비해 매년 2배 이상의 금액을 투자하지만 60세가 되었을 때에도 렌드라의 자산을 따라잡을 수 없다. 복리가 이렇게 무섭다.

◆　연평균 수익률 6%를 가정했다.

3 | 너무 많거나 적은 리스크를 감당하지 말라 Never bear too much or too little risk

주식은 위험자산이고, 채권은 안전자산이다. 위험자산을 많이 섞으면 섞을수록 포트폴리오의 위험성이 올라간다. 그렇다면 어떤 비율이 좋을까? 자신의 성향에 달렸다. 다만, 젊었을 때는 좀 더 공격적으로 투자해도 좋고, 나이가 있을 때는 보수적으로 투자하는 것이 좋다.

4 | 분산하라 Diversify

특정 종목이나 특정 섹터의 자산군보다는 다양하게 분산된 자산군이 좋다. 어떤 자산군이 앞으로 더 수익률이 높을지 모르니 모든 자산군을 다 사면 중간은 갈 수 있다. 중간 정도 수익을 거두는 게 별로라고 생각할 수도 있지만, 앞에서 여러 차례 설명했듯 알파를 추구하는 대부분의 기관투자자가 중간도 못 하고 있는 게 현실이다. 그들이 얼마나 뒤처지는지에 대한 논문만도 수십 개에 이른다. [89] 이에 따르면, 대부분의 뮤추얼 펀드들은 연평균 마이너스 수익률을 내고 있다.

5 | 시장을 예측하지 말자 Never try to time the market

많은 사람은 '올해는 주식이 떨어질 것 같아' 혹은 '올해는 많이 오를 것 같아'라고들 얘기한다. 이렇게 예측한 적이 있는 사람들은 자신의 예측이 지금까지 맞아왔는지 한 번쯤은 생각해볼 필요가 있다. 우리는 자신이 얼마나 예측을 못 하는지 곧잘 까먹곤 하니 말이다. 필자가 올 웨더 투자를 시작했던 시기는 2018년 12월이었다. 그때 모든 자산군의 수익률이 마이너스였고, 미국 주식시장의 분위기가 최악이었다. 시장

참여자들은 이제 곧 경제위기가 시작된다고들 외쳤다. 필자도 그런 분위기에 휩쓸려서 투자를 시작하는 것이 옳은지 두려웠지만, 그때마다 예측은 틀렸다는 얘기를 스스로에게 외치고 투자에 뛰어들었다. 아이러니하게도 가장 심리적으로 불편했던 투자가 가장 좋은 성과를 가져다주었다.

6 | 인덱스 펀드를 사자 Use index funds when possible

어떤 기업을 사야 할지 분석하는 것은 프로들에게도 아주 어려운 일이다. 여러 연구에서도 증명됐듯이 95% 이상의 펀드매니저들은 좋은 기업을 선택하는 능력이 없다. 그러므로 시가총액 가중으로 운영되는 인덱스 펀드를 사야 한다.

7 | 비용은 최소로 하자 Keep costs low

비용이 너무 높으면, 장기적으로 수익률이 훼손된다. [그림 7-9]를 보자. 25세부터 65세까지 저축을 하고 그 이후부터 남은 돈을 사용한다고 했을 때 비용을 1% 절약하면, 같은 돈을 저축해도 무려 10년을 더 쓸 수 있다*.

◆　　25세의 연봉은 $45,000, 65세의 연봉은 $85,000이고, 선형으로 증가한다고 가정했으며 연봉의 6%를 저축한다고 가정했다.

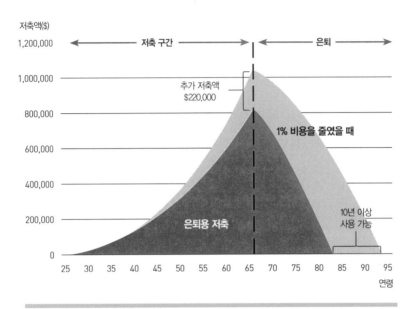

■ 그림 7-9 | 25세에 투자를 시작했을 때 비용을 1% 줄이면 어떻게 되는가?

저축액($)

1,200,000

← 저축 구간 →   ← 은퇴 →

1,000,000

추가 저축액
$220,000

1% 비용을 줄였을 때

800,000

600,000

400,000

은퇴용 저축

10년 이상
사용 가능

200,000

0

25 30 35 40 45 50 55 60 65 70 75 80 85 90 95

연령

8 | 세금을 최소화하라 Minimize taxes

우리나라에도 퇴직연금·IRP 계좌가 존재한다. 세금공제 한도가 가
득 찬 상황이 아니라면 그 계좌를 이용하는 것이 좋다. 다만, 중도인출
을 하면 비과세 혜택을 포기해야 하기 때문에 자금 계획을 신중하게 짜
야 한다. 퇴직연금·IRP 계좌가 아니라면, 국내상장 ETF에 장기로 투자
하는 것은 피하는 것이 좋다. 자본소득에 대해 15.4% 선취로 세금을
내야 하기 때문이다. 그래서 연금계좌 한도 이상의 자산 배분 투자는
미국상장 ETF를 이용하는 것이 좋다. 22% 양도소득세가 있긴 하지만,

손실 상계가 된다. 분리과세라 금융종합과세에 들어가지도 않기 때문에 고액자산가에게는 더욱 매력적이다.

9 | 단순하게 투자하라 Invest with simplicity

의미 있게 분산하기 위해 다양한 종류의 펀드를 사 모을 필요는 없다. VTI Vanguard Total Stock Market ETF만 사도 수천 개의 회사를 소유할 수 있고, BND Total Bond Market ETF를 사면 거의 모든 종류의 채권을 살 수 있다. 뱅가드의 창업자 존 보글은 일반인에게 위 2개의 펀드면 충분하다고 얘기한다. 1993년부터 이 2개의 펀드를 60대 40의 비율로 갖고 있을 때 연수익률은 8%, MDD는 -30%*이다. 단순한 포트폴리오는 많은 장점이 있다. 비용이 아주 저렴**하며, 분석하기 쉽고, 리밸런싱도 쉽다. 투자 현황을 파악하기도 좋다. 결정적으로 단순한 포트폴리오는 여러분이 가족과 더 많은 시간을 보낼 수 있도록 여유를 준다. 심지어 이 투자를 단 하나의 ETF***로 해결할 수도 있다.

보글헤즈에서 가장 인기 있는 포트폴리오는 쓰리 펀드 포트폴리오이다. 이름 그대로 3개 자산군, 즉 미국주식에 33%, 미국 외 국가의 주식에 33%, 채권과 물가연동채에 33% 투자하는 포트폴리오이다. 《현명한 자산 배분투자자》의 저자인 윌리엄 번스타인William Bernstein은 이 포트폴리오에 대해 이렇게 평했다. "너무 단순하고 아마추어 같다고? 최

◆　1993년에 ETF가 존재하진 않았기에 똑같은 방식으로 운영되는 인덱스 펀드에 투자한다고 가정했다.

◆◆　Vanguard Total Stock Market Index Fund는 연 0.03%, Total Bond Market Index Fund는 연 0.035%의 수수료를 낸다.

◆◆◆　iShare Core Growth Allocation ETF(AOR)

근 수십 년 동안 수많은 프로 투자자들이 이 펀드보다 성적이 안 좋다."

10 | 끝까지 버텨라 Stay the course

보글헤즈식 자산 배분 투자에서 가장 어려운 일이 바로 버티는 일이다. 인덱스 펀드의 성과가 좋았던 1990년대에는 버티기가 상대적으로 수월했다. 하지만 닷컴 버블과 서브프라임 위기 등을 겪으면서 많은 투자자는 패닉에 빠졌고, 계획대로 투자하는 것을 중도에 포기했다. 2008년에 끔찍한 수익을 보고 인덱스 투자를 포기했다면 어떻게 됐을까? 2009년부터 지금(2019년 말)까지 이어진 연평균 15%의 달콤한 수익을 얻지 못했을 것이다. 투자를 포기하고 싶을 때마다 1900년대부터의 인덱스 펀드 성과를 보자.

최선의 투자 전략이란 무엇일까?

올웨더 포트폴리오나 60/40은 모두 훌륭한 전략이다. 이 전략들로만 10년 운영해도 상위 10% 성과를 낸 투자자 안에 들어간다. 대부분의 사람과 금융기관들이 인덱스 펀드보다 못한 수익률을 올리기 때문이다. 하지만 사람들은 여기서 만족하지 않는다. 조금만 검색해도 더 높은 기대 수익률의 전략들이 나오기 때문이다. 대표적으로 동적 자산 배분 전략이 있다. 몇 가지 시그널*만 섞어도 훨씬 더 높은 수익률과 안정적인 MDD의 전략이 만들어진다. 다른 시그널들도 보기 시작하면 끝이 없다. PMI Purchasing Managers' Index 도 있고, CPI와 비교할 수도 있고, 회사채 스프레드 등 각종 지표가 동원된다. 그 외에 자산군의 비율들을 어떻게 바꿀 것인가에 대한 고민도 이어진다. Miminum Correlation, Minimum Covariance 같은 최근 12개월 자산군간의 상관관계를 활용하는 전략도 있다. 하나하나 적용하다 보면 수익 곡선은 부드러워진다. 파생상품도 섞어보자는 생각도 든다. 양매도 전략이 나쁘다는 것은 아니다. 자신이 무엇을 하는지 모르는 전략이 나쁜 것이다. 이렇게 좋다는 걸 모두 섞다 보면 결국 누구도 이해할 수 없는 전략이 만들어진다. 이해할 수 없는 전략은 수익이 나오지 않을 때 무엇이 문제인지조차 알 수 없게 한다. 흔히 일어날 수 있는 문제 때문인지 아니면 전략의 논리에 문제가 생긴 것인지 판단할 수 없다. 맛있는 재료를 모두 섞는다고 맛있는 음식이 되지 않는 것처럼 무조건 다 섞는 것이 능사는 아니다.

투자 전략을 업그레이드하기 시작하면 끝이 없다. 실제 자금 투입으로 이어지지 않는다면, 이러한 노력은 의미 없다. 본인이 감당 가능한 선에서 너무 늦지 않게 결정을 내려야 한다. 초보자라면 굳이 복잡한 전략을 사용하지 않아도 된다. 현재 자신이 이해할 수 있는 전략 중 가장 보수적인 방법으로 시장수익률을 추구하는 투자를 하면 어떨까? 돈을 넣어보면 생각이 달라진다. 시야가 달라진다. 무엇을 공부해야 할지 어느 방향으로 가야 할지 분명해진다. 그러면 다음 길이 또 여러분에게 펼쳐질 것이다.

◆　　장단기 금리차, 모멘텀 시그널, CAPE 같은 것이다.

- 시가총액 가중으로 투자하는 패시브 전략과 액티브한 투자 방식을 결합한 투자를 스마트 베타라고 한다. 스마트 베타 펀드는 출시 전 백테스트에서는 주가지수를 이기는 것으로 나오지만 정작 출시하고 나면 대부분 주가지수보다 못한 성적을 낸다.

- 자산 배분 투자 방식이 유행하면서 사람들은 정적 자산 배분뿐만 아니라 동적 자산 배분(전술적 자산 배분)도 연구하게 되었다.

- 10년 이상 운영된 전술적 자산 배분 펀드 중에서 60/40보다 성적이 좋은 펀드는 없었다. 앞으로의 상황도 크게 다르지 않을 것이다.

- 연평균 10% 이상 안정적으로 나올 수 있는 전략을 찾는 것은 사실상 불가능하다.

- 50년 전과는 다르게 이제는 기관투자자의 비율이 매우 높아지고 경쟁이 치열한 상황이라 시장초과수익률을 추구하는 것은 과거보다 더욱 힘들어졌다.

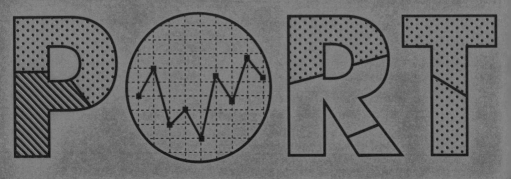

ALL WEATHER
PORT

8장

올웨더 투자 가이드

A L L

WEATHER

PORTFOLIO

지금까지 올웨더 포트폴리오에 대해 설명했다. 자산 배분 전략과 올웨더 포트폴리오를 충분히 이해했으리라 생각한다. 이번에는 실제로 자금을 투입하고 싶은 사람들을 위해 단계별로 설명해보려 한다.

증권사 계좌 만들기

어느 증권사를 이용하든 상관없지만, 요즘엔 미국주식 매매수수료가 많이 내려갔으니 가능하면 저렴한 수수료를 제공하는 증권사를 이용하는 것이 좋다. 0.15% 이하라면 괜찮다고 생각한다.

미국주식 거래용 계좌 만들기

이것은 증권사마다 조금씩 다르다. 한 계좌에서 한국주식과 미국주식 매매가 모두 가능한 경우도 있고, 별도로 개설해야 하는 경우도 있다.

환전하기

원화 투자금*을 달러로 환전해야 한다. 환전 타이밍이 궁금하겠지만 최고의 환전 타이밍은 알 수 없으니 환전하는 시기의 환율이 극단적이지만 않다면** 언제 환전해도 무방하다. 환율이 떨어질까 우려가 된다면 한 달에 한 번씩 분산하여 환전하면 무난한 환율로 환전할 수 있을 것이다.

첫 매매하기

미국 장시간은 서머타임 여부에 따라 조금씩 다른데, 한국시각 기준으로 오후 11시 30분 이후부터 시작해서 다음 날 새벽 6시까지 열린다. 장이 시작되면, 어떤 종목을 주문할지 정하고 매매하자. 매매하려는 ETF의 현재 가격을 확인한 후 그 가격으로 지정가 주문한다.*** 조금 더 저렴하게 매수하고 싶다면 한 호가 낮게 주문할 수도 있다. 당일 체결이 안 되는 경우도 있다. 그럴 때는 또 다음날 주문을 해야 한다. 현재가로 주문을 넣어도 매매가 되지 않기도 한다. 그런 경우는 다음 날에 한다. 자산 배분은 하루하루를 다투는 투자가 아니므로 하루이틀

◆ 　달러를 갖고 있다면 매매할 계좌로 달러를 이체하면 된다.
◆◆ 　IMF나 서브프라임 위기가 발생하여 달러/원 환율이 1800원이 넘는 상황
◆◆◆ ETF 매매 시에 시장가 주문을 추천하지 않는다. 일반적으로는 유동성 공급자(LP)가 호가를 받쳐줘 실제 가치와 크게 괴리가 없도록 매매할 수 있으나 아주 가끔 LP가 받쳐둔 물량 이상으로 주문하는 경우 큰 손해를 볼 수도 있다.

혹은 일주일 더 늦게 해도 성과에 큰 상관은 없다. [표 8-1]은 올웨더 포트폴리오*에 $10,000을 투자할 때 어느 비율로 어떤 ETF를 사는지 설명하는 스프레드시트이다.

■ **표 8-1** | **올웨더 투자를 위한 스프레드시트 이용 예제**

	심볼	주당 가격	비율	목표투자금액	주문수
	VT	$76.10**	35.00%	$3,500	45
	IAU	$14.18	5.00%	$500	35
	EDV	$134.91	20.00%	$2,000	14
	VCLT	$99.97	7.50%	$750	7
	EMLC	$33.77	7.50%	$750	22
	LTPZ	$72.06	20.00%	$2,000	27
	DBC	$15.23	5.00%	$500	32
투자금액	$10,000.00				

ETF별 정확한 주문수를 구하기 위해 [표 8-1]과 같은 별도 스프레드시트 문서를 만들면 좋다. 무료이고 기능이 다양한 구글 스프레드시트(http://sheets.google.com/)를 추천한다. 각 ETF의 주당 가격을 구해야 하는데, 야후! 파이낸스(https://finance.yahoo.com/)에 들어가서 종목의 심볼을 입력한 후 현재가를 확인하자.

스프레드시트의 셀에

= GOOGLEFINANCE("VT")

◆　4장에서 공개한 비율과 조금 다르다. 비율 구성을 설명하기 위한 샘플 포트폴리오이다.
◆◆　2019년 10월 기준가격이다.

라고 입력하면 VT의 현재가가 나온다. VT는 전체 포트폴리오에서 35%를 차지하니 $3,500만큼 투자해야 한다. $3,500을 주당 가격인 $76.10으로 나누면 45.992가 나오지만, 소수점 주문이 불가하고 주식 수수료를 감안하면 내림을 해야 한다. VT처럼 다른 ETF도 계산할 수 있다. [표 8-1]의 주황색 칸에 있는 45, 35, 14, 7, 22, 27, 32만큼 매수 주문을 넣으면 된다. 모두 내림으로 주문을 했으니 현금이 조금 남을 것이다. 남은 현금은 더 투자하고 싶은 ETF에 넣자. 이 정도의 오차는 포트폴리오의 수익률에 영향을 미치지 않는다.

증액하기

증액하는 경우는 약간 복잡하다. 기존에 VT 35주, IAU 20주, EDV 11주, VCLT 15주, EMLC 22주, LTPZ 11주, DBC 22주를 투자하고 있는데, $10,000을 증액하고 싶은 상황에 대한 표이다.

■ 표 8-2 | 올웨더 증액을 위한 스프레드시트 이용 예제

	심볼	주당 가격	비율	목표투자금액	보유수	추가주문수
	VT	$76.10	35.00%	$6,230.46	35	46
	IAU	$14.18	5.00%	$890.07	20	42
	EDV	$134.91	20.00%	$3,560.26	11	15
	VCLT	$99.97	7.50%	$1,335.10	15	−1
	EMLC	$33.77	7.50%	$1,335.10	22	17
	LTPZ	$72.06	20.00%	$3,560.26	11	38
	DBC	$15.23	5.00%	$890.07	22	36
기존투자금액	$7,801.32					
추가투자금액	$10,000.00					
전체금액	$17,801.32					

각 ETF의 현재 가격에 현재 보유수를 곱하면 기존투자금액이 나온다. 기존투자금액을 구한 후 추가로 투자할 금액을 추가투자금액란에 입력한다. 그러면 전체금액도 계산할 수 있다. 그리고 전체금액을 기준으로 각 ETF의 목표투자금액이 계산된다. VT에 투자되는 금액은 전체금액($17,801)의 35%인 $6,230이 될 것이다.

> **목표투자금액 = (보유수 + 추가주문수) × 주당 가격**

이므로 추가 주문수를 구할 수 있다.

> **추가 주문수 = (목표투자금액 / 주당 가격) − 보유수**

이번 계산도 모두 내림으로 처리한다. 간혹 VCLT처럼 추가 주문수가 −1이 나올 수 있는데, VCLT를 한 주 매도하면 된다. 스프레드시트에 대한 사용법은 유튜브에도 많다. '초보 투자자를 위한 스프레드시트 활용'이라고 검색하면 나오니 참고 바란다.

리스크 패리티 전략에 간접적으로 투자하는 법

4장에서 설명한 것처럼 올웨더는 리스크 패리티 전략이다. 올웨더 포트폴리오를 위와 같이 직접 구성하고 투자하는 게 번거롭다면 간접적으로 투자하는 방법도 있다.

■ 이루다 투자일임

내 돈을 직접 운영하기 위해 열심히 공부했고 그러면서 자연스럽게 회사를 시작하게 되었다. 이루다 투자일임의 메인 전략은 이 책에서 설명한 '올웨더 포트폴리오'이다. 나는 금융상품의 소비자였고, 수수료를 적게 부과해야 투자자들이 더 많이 자산을 늘릴 수 있다는 사실을 알기에 수수료를 최대한 낮췄다. 연 수수료는 고정형* 혹은 성과보수형** 중 하나를 선택하면 된다. 자세한 것은 홈페이지(https://www.iruda.io)를 참고하자.

■ AQR Risk Parity II HV Fund_{QRHIX}

세계적인 헤지펀드 AQR에서는 리스크 패리티 기반으로 운영되는 자산 배분 펀드를 출시했다. 아쉽지만 ETF가 아니라서 한국에 거주하는 투자자는 투자할 수 없다. 홈페이지의 설명[90]에 따르면, 각 자산군의 예상 변동성 등을 반영하여 자산 배분 비중을 동적으로 바꾼다고 한다. 2013년 1월부터 2019년 12월까지 연평균 수익률 5.61%, MDD -20%, 연 변동성 11.59%***이다. 연 수수료는 1.72%이다.

◆　　운용금액의 0.25%~0.37%
◆◆　1년 성과의 9.9%. 수익이 나지 않으면 수수료를 받지 않는다.
◆◆◆ 수수료 차감 후 지표

■ RPAR Risk Parity ETF^{RPAR}

ARIS^{Advanced Research Investment Solutions}에서 2019년 12월에 출시한 ETF로 리스크 패리티 전략을 추구하는 최초의 ETF이다. 4가지 자산군(주식, 원자재, 미국 재무부 채권, 물가연동채)에 투자한다고 알려져 있다. 수수료는 연 0.50%이며 누적수익률은 2.13%이다.

핵심 정리

- 올웨더 포트폴리오를 매매하는 법은 미국주식을 매매하는 방법과 거의 비슷하다. 한국 주식시장이 열리는 시간에 환전을 진행하여 달러로 바꾼 후 미국 주식시장 시간에 맞춰 매매하면 된다.
- 자신이 정한 포트폴리오의 비율대로 매매를 진행하면 된다. 엑셀이나 스프레드시트를 이용한다.
- 직접투자가 번거롭다면 간접적으로 투자하는 방법도 존재한다.

ALLWEATHER PORT

9장

더 공부하기

A L L
WEATHER
PORTFOLIO

투자 공부를 어떻게 할까?

이 질문을 참 많이 받았다. 필자도 투자 공부를 하며 많은 방황을 했다. 소위 투자 전문가라는 사람이 생각보다 많고, 그들 대부분이 '자신의 말이 진리니 이렇게 하는 것만이 성공투자'라고 강조했기 때문이다. 그들의 이야기들을 하나하나 검증할 시간이 있으면 좋겠지만 시간은 한정적이다. 결국, 누구 얘기부터 들을지 명확한 우선순위가 필요하다. 이런 방황을 끝내준 것은 레이 달리오의 책 《원칙》*이었다. 《원칙》을 보니 레이 달리오의 브리지워터는 신뢰도에 기반한 의사결정을 한

◆　　엄밀히 말해 이 책은 투자에 관련된 책은 아니고 자기 계발 서적이다.

다.[91] 나도 레이 달리오처럼 신뢰도 높은 사람의 얘기부터 들어야겠다는 생각을 했다. 신뢰도가 높은 사람은 해당 분야에서 오랜 시간 동안 성공해왔고, 성공 원인을 논리적으로 설명할 수 있는 사람들을 뜻한다. 어떤 사람이 신뢰도가 높은지 알고 싶다면 구글에 그의 이름을 검색해보자. net worth*라는 단어를 넣어도 좋다. 가령, 워런 버핏Warren Buffett이 궁금하다면, 그의 이름과 함께 net worth까지 같이 넣어 검색하자. 투자 성적이 궁금하다면 returns를 추가해 검색하면 된다. 만약 검색으로 그 사람의 성과가 나오지 않는다면 어떻게 해야 할까? 아직 유명 투자자 반열에는 들어가지 못했다는 의미이다. 경계할 필요가 있다.

추천 투자자

그동안 필자가 살펴보고 충분히 검증됐다고 판단한 투자자들을 추천한다.

■ 레이 달리오Ray Dalio

이 책 대부분의 투자철학은 레이 달리오에게 많은 영향을 받았다. 1975년에 브리지워터라는 헤지펀드 회사를 창업하여 2018년 약 150조 원을 운용 중인 성공한 투자자이다. 《원칙》과 《금융위기 템플릿Big Debt Crises》라는 책을 썼고, 투자 원칙과 관련된 책을 더 출간할 예정이다. 그의 개인 링크드인linkedin 페이지[92] 외에도 브리지워터에서 투자와

◆   net worth는 재산을 의미한다.

관련된 많은 글[93]과 영상을 발행하고 있다.

■ 존 보글John Bogle

존 보글은 뱅가드Vanguard라는 회사의 창업자로 최초의 인덱스 펀드를 만든 것으로 유명하다. 존 보글의 투자 원칙은 단순하다. 그의 투자 원칙은 '인덱스 펀드를 사라'이다. 그에 따르면 투자에는 WHAT보다는 WHY가 중요하다. 존 보글은 그의 저서《모든 주식을 소유하라》에서 다양한 시각으로 왜 뮤추얼 펀드를 하지 말아야 하는지, 왜 인덱스 펀드를 사야 하는지 설명한다.

■ 하워드 막스Howard Marks

워런 버핏이 극찬하는 투자자이다. 버핏은 하워드 막스의 메모가 보이면 그것을 가장 먼저 읽어본다고 한다. 그는 오크트리 캐피탈Oaktree Capital이라는 투자회사를 창업했고 현재까지 왕성히 투자 활동을 하고 있다. 그는 2008년 서브프라임 위기 등 여러 경제위기 속에서 자신의 펀드를 잘 지켜냈다. 25년 동안 연평균 23%의 수익률을 거두며 운용자산은 현재 150조 원까지 늘어났다. 훌륭한 투자자는 그에 걸맞은 전달력이 부족한 경우가 많은데 오랫동안 글을 써온 하워드 막스는 예외이다. 그의 책《투자에 대한 생각》,《투자와 마켓 사이클의 법칙》은 모두 읽어볼 만하다. 구체적인 방법론을 원하는 사람들에게는 아쉬울 수도 있지만 투자 경험이 있는 사람들에게는 큰 도움이 될 것이다. 그는 최근에도 메모를 작성[94]하며 그의 생각을 전하고 있다.

■ 켄 피셔Ken Fisher

켄 피셔의 아버지는 가치투자의 원로인 필립 피셔이다. 필립 피셔는 한 기업을 발굴하면 초장기 보유하는 것으로 유명했는데, 모토로라를 30년 동안 보유한 것으로 알려져 있다. 아버지 밑에서 가치투자에 관한 얘기를 귀에 딱지가 생기도록 들었을 텐데 그는 아버지와는 다른 스타일로 투자한다. 그가 아버지로부터 독립하면서 세운 피셔 인베스트먼트Fisher Investment는 1979년 설립하여 현재까지도 약 100조 원을 운용하고 있다. 그의 재산은 4조 원이다. 켄 피셔는 예측을 즐기고, 자신의 예측에 대해 포브스 칼럼에 연재하기도 했다. 동시대에 주가 수익률을 예측했던 전문가 중에 최상위권의 정확도를 보였다. 그의 저서로는《주식시장은 어떻게 반복되는가》,《역발상 주식투자》,《3개의 질문으로 주식시장을 이기다》등이 있다. 이 책들 외에도 유튜브에 Fisher Investment로 검색하면 그가 운영하는 유튜브 채널과 영상을 손쉽게 볼 수 있다.

■ 클리프 애스니스Cliff Asness

시카고대학의 유진 파마Eugene Fama 교수는 '효율적 시장 가설Efficient Market Hypothesis'이라는 이론을 주장했다. 그 이론에 따르면, 새로운 정보가 나타나면 그 정보를 신속하게 시장에서 반영하므로 주식시장에서는 초과수익을 내기 힘들다. 그런 파마 교수의 주장에 반박한 사람이 바로 그의 연구실에서 박사과정을 하던 클리프 애스니스다. 그는 주가 수익률의 데이터에서 모멘텀을 발견했다. 모멘텀이란, 단기적으로 잘

나가는 주식이 특정 기간 동안은 다른 주식들보다 수익률이 높다는 것이다. 파마 교수는 결국 그를 인정하고 지도한다. 그는 졸업 이후 골드만삭스를 거쳐 자신만의 회사 AQR^Applied Quantitative Research을 세운다. 박사 출신답게 여전히 많은 논문을 출간하고 있고, 많은 연구를 하고 있다. 모든 연구 결과를 발표하진 않지만, 충분히 많은 논문[95]을 발간하고 있다. 또한 AQR은 팟캐스트 방송도 운영하고 있으니 영어 듣기가 어렵지 않다면 참고해볼 만하다.

흥미로운 점은 이 대가들의 투자 방식이 서로 다르다는 것이다. 심지어 충돌하는 경우도 있다. 이런 경우에는 누구의 얘기가 정답일까? 모두가 정답이다. 왜 충돌하는지 이해하기 어렵다면 각자의 투자철학에 대해 깊이 분석해보면 좋은 대답을 얻을 수 있을 것이다.

위에서 언급한 투자자들만이 정답은 아니다. 책에 미처 언급하지 못한 투자계의 전설들이 많다. 책의 스타일과 통하는 투자자들을 고르다 보니 제외된 사람들도 있다. 대표적인 사람이 워런 버핏이다. 그의 투자실력과 글솜씨가 뛰어나다는 것을 부인할 사람은 아무도 없을 것이다. 다만, 그는 개별기업에 집중해서 투자하는 스타일이라 이 책에서 추구하는 스타일과는 맞지 않아 제외했다. 위에서 언급한 5명으로 시작해서 다양한 사람들로 시야를 확장해나가면 된다.

유튜브는 경계하자

고백한다. 필자는 유튜브를 하고 있다. 유튜브에서 '투자왕 김단테'

로 검색하면 나온다. 유튜버이면서 투자 공부를 유튜브에서 하지 말라 하니 여러분 입장에서 어이가 없을 것이다. 요즘 주변을 보면 유튜브를 통해 투자를 공부하는 사람들이 많다. 영상으로 정보를 쉽게 접할 수 있게 된 것은 좋은 현상이다. 그러나 유튜브를 하고 있는 필자가 왜 유튜브 보는 것을 추천하지 않을까? 그 이유는 유튜브의 수익구조와 연관되어 있다.

유튜버의 수익은 광고를 볼 때마다 나온다. 유튜버는 자극적인 콘텐츠를 만들고, 호기심을 유발하는 제목으로 클릭을 유도할수록 더 수익이 난다. 콘텐츠를 만드는 입장이 되어보니 투자와 관련돼서 필요하지만 어렵고, 단번에 이해하기 쉽지 않은 얘기를 유튜브에서 하기는 부담스럽다. 책과는 다르다. 책은 출판사를 통해서 나온다. 출판사 입장에서는 단기적인 수익도 중요하지만, 장기적으로는 평판도 중요해서 아무나 책을 쓰게 하지는 않는다. 또한 책은 영상과 다르게 제목만으로 인정받기는 어렵다. 내용이 충실하고 설득력 있어야 한다. 그렇기에 출판사에서는 저자를 직간접적으로 검증한 뒤 책을 낸다. 다만, 저자 중 일부는 작가가 되고 싶어 자비출판을 하는 경우도 있으니 독자들은 해당 출판사가 어떤 책을 내왔던 곳인지 확인할 필요가 있다.

맺음말

검증된 투자 전략으로
시작하라

    집필을 완료하고 출간을 위해 하던 중 코로나 바이러스가 창궐했다. 2019년 12월 중국 우한시에서 시작된 코로나 바이러스는 전 세계로 퍼져 나가며 세계 증시에 패닉을 일으켰다. 2020년이 시작될 때만 해도 누구도 예상하지 못했던 리스크였다. 미국과 유럽까지 코로나 영향권에 들면서 전 세계 주식시장은 한 달 만에 고점 대비 30~40% 빠지면서 역사상 최악의 손실을 기록했다.

    이런 상황에서 독자들이 가장 궁금한 것은 올웨더 포트폴리오의 수익률일 것이다. 역대 최악의 패닉 장세였음에도 불구하고 올웨더는

'선방'했다. 필자의 계좌 기준 2020년 1월부터 4월 말까지 4개월 동안 8.42%의 수익을 거두었다. 환율이 해당 기간 동안 4.88% 상승해 달러 기준 수익률은 3.38%이다. 동기간 미국주식(S&P500)이 13% 하락한 것을 감안하면 무난한 성적이라고 생각한다.

코로나로 인해 주식시장의 변동성이 커지면서 올웨더 투자를 시작한 사람들도 많이 놀랐던 것 같다. 하루가 다르게 급변하는 주가에 혼란이나 두려움을 느끼고 필자에게 문의하는 사람도 많았다. 어떤 사람은 급격한 변동성을 견디지 못하고 바로 손절했다고도 했다. 이런 분들은 자산 배분 투자에 대해, 올웨더 포트폴리오에 대해 완전히 이해하지 못했기에 두려움을 느낀 것이다. 자산 배분 투자를 한다고 결심한 순간부터 일간 가격의 움직임은 의미가 없다. 우리는 트레이더나 개별 주식 투자자와 다르게 하루하루의 가격변화에 대응할 필요가 없다. 장기적으로 자산의 가치는 제자리를 찾아가지만, 하루 단위로는 다양한 상황에 따라 결정되는 '노이즈'이다. 이러한 가격 변동을 일일이 신경 쓰면 멘탈을 관리하기가 어렵다. 투자 컨설턴트인 릭 페리Rick Ferri는 '당신이 투자에서 느끼는 변동성은 얼마나 잔고를 자주 확인하느냐에 달려 있다'라는 명언을 남기기도 했다.

어떤 투자 전략이건 내 뜻대로 시장이 움직이지 않을 때 믿을 구석이 있어야 한다. 예를 들어 삼성전자에 투자한다고 해보자. 투자 후 삼성전자 주가가 급락하면 신경이 쓰일 것이다. 그러나 삼성전자의 사업성, 향후 매출, 영업이익에 대해 철저히 분석해 지금의 가격 움직임이 단기적인 일에 그치리라 확신한다면 그런 상황을 어렵지 않게 견딜 수 있다. 그와 마찬가지로, 코로나 때문에 변동성이 커지고 경제 전망이 불투명해지면서 3월 1일부터 15일까지는 거의 모든 자산군이 하락했다. 자산 배분 전략 역시 크게 손실을 본 구간도 있었다.

이럴 때 우리는 무엇을 믿을 수 있을까? '자본주의'라고 생각한다. 자본주의가 앞으로도 지금처럼 잘 동작한다면 자산 배분 투자는 다소 부침은 있을지언정 꾸준히 우상향해나갈 것이다. 그래서 코로나 바이러스 때문에 각종 암울한 전망이 나와도 자본주의에 큰 영향을 줄 것이라고는 생각하지 않는다. 하지만 이런 믿음과 여유는 자산 배분, 또 경제와 자본시장에 대해 공부해야 얻을 수 있다. 그렇기 때문에 진부한 얘기지만 제대로 된 공부와 이해가 중요하다고 생각한다.

사람들은 대개 즉흥적으로 시장을 판단한다. 어떤 회사가 새로운 상품을 출시한다더라, 어떤 호재가 곧 있다더라 식의 소문에 솔깃해 한다. 특정 국가나 산업이 성장 중이라는 뉴스를 보면 관련 주식에 바로 관심이 간다. 지금이라도 진입해야 할 것 같고 늦을까봐 조바심이 든다. 그러다 주변인이 돈을 좀 벌었다는 이야기라도 듣게 되면, 성급히 투자를 시작한다.

하지만 많은 연구 자료가 증명하듯 즉흥적인 판단으로 이루어진 투자는 좋은 결과를 내기 힘들다. 내가 아는 정보는 이미 다수가 알고 있는 정보이고, 나는 그 정보를 정밀하게 분석할 능력이 없는 경우가 대부분이다. 무엇보다 투자 이후 투자자가 겪게 되는 심리적 스트레스와 편향은 대개 실패로 이어진다.

따라서 투자는 사전에 계획하고 신중하게 이루어져야 한다. 특정한 기회가 발생했기 때문에 급작스럽게 투자하는 것이 아니다. 어떻게 투자할지를 충분히 공부하고 이해하여, 내가 단단히 실행할 수 있는 계획대로 투자하는 것이 옳다.

그렇다면 계획을 어떻게 세우는 것이 좋을까? 세상에는 여러 좋은 투자법이 있지만, 선택과 집중이 필요하다. 요식업계의 구루guru로 활발히 활동 중인 백종원은 식당 사장님들에게 "판매하는 메뉴를 줄이라"고 권한다. 선택과 집중을 위해서이다. 단 하나를 제대로 하기도 힘든 것이 현실이다. 복잡한 계획을 세웠다가 이리저리 휘둘리는 투자를 해서는 성공하기 힘들다. 전략과 종목이 너무 많으면, 자신의 투자가 왜 잘 되는지 혹은 왜 잘 안되는지 제대로 이해할 수 없다. 투자 공부에 시간을 많이 쏟을 수 없는 일반인은 감당할 수 없다. 그래서 필자가 권하는 선택과 집중이 바로 올웨더이다. 날고 기는 자산운용사와 전문투자자도 장기간 꾸준히 올웨더 포트폴리오보다 더 높은 수익을 낸 경우가 지극히 드물었다. 전문가가 아닌 우리도 비슷할 가능성이 높다. 그렇다면 올웨더 포트폴리오라는 단단하고 검증된 투자 전략으로 투자를 시작하는 것이 가장 좋지 않을까?

혹여나 다른 투자 방식을 사용하고 싶더라도 올웨더와 병행하는 것을 추천한다. 5년 정도, 투자금의 절반은 올웨더로 운영하고 나머지 절반은 자신의 생각대로 운영해보는 것이다. 그 결과를 통해 내가 투자에 소질이 있는지 없는지 알 수 있을 것이다.

이 책에서 필자는 꾸준히 올웨더 포트폴리오라는 투자 전략이 어떤 것이고, 왜 이것이 앞으로도 잘 기능할 것인지에 대해 설명했다. 투자 방식에 대한 이해는 실제 투자로 이어졌을 때 완성된다. 올웨더에 대해서 이해가 생겼다면 소액이라도 꼭 실행을 해보자. 투자라는 인생 최대의 문제를 해결하기 위한 나의 노력이 독자 여러분에게도 도움이 됐으면 좋겠다.

참고문헌

1 Ray Dalio, ≪Principle: Life and Work≫, Simon & Schuster; First Edition (2017)

2 잭 슈웨거, ≪헤지펀드 시장의 마법사들≫, 이레미디어, 박준형 역(2013)
   https://www.bridgewater.com/resources/all-weather-story.pdf (검색일: 2019.12.17)
   http://sdcera.granicus.com/MetaViewer.php?view_id=4&clip_id=75&meta_id=9141http://sdcera.
   granicus.com/MetaViewer.php?view_id=4&clip_id=75&meta_id=9141 (검색일: 2019.12.17)
   https://www.bridgewater.com/resources/our-thoughts-about-risk-parity-and-all-weather.pdf
   https://www.bridgewater.com/research-library/risk-parity/ (검색일: 2019.12.17.)

3 Tonny Robins, 《Money Master the Game》, Simon & Schuster; Updated edition(2016)

4 Jeremy Siegel, 《주식에 장기투자하라》, 이레미디어, 이건 역(2015)

5 Elroy Dimson, Paul Marsh, and Mike Staunton, 《Triumph of the Optimists》, Princeton University
   Press(2002)

6 위의 책, p.50

7 하워드 막스, 《투자에 대한 생각》, 비즈니스맵, 김경미 역(2019), p.30

8 존 보글, 《모든 주식을 소유하라》, 비즈니스맵, 이은주 역(2017)

9 위의 책, p.161

10 Jonathan Burton, 《Investment Titans》, McGraw-Hill; First Edition(2000)

11 대니얼 카너먼, 《생각에 관한 생각》, 김영사, 이창신 역(2018)

12 Chague, Fernando and De-Losso, Rodrigo and Giovannetti, Bruno, 〈Day Trading for a Living?〉
   (2019.11)

13 존 보글, 《모든 주식을 소유하라》, 비즈니스맵, 이은주 역(2017) p.161

14 존 보글, 《모든 주식을 소유하라》, 비즈니스맵, 이은주 역(2017)

15 https://en.wikipedia.org/wiki/Bridgewater_Associateshttps://en.wikipedia.org/wiki/Bridgewater_
   Associates (검색일: 2019.12.20)

16 노르웨이 국부펀드 2018년 보고서 - https://www.nbim.no/contentassets/02bfbbef416f4014b043e74b
   8405fa97/annual-report-2018-government-pension-fund-global.pdf (검색일 2019.12.20)

17 https://fund.nps.or.kr/jsppage/fund/prs/policy01.jsp

18 https://www.bridgewater.com/resources/engineering-targeted-returns-and-risks.pdf (검색일
   2019.12.20)

19 https://www.bridgewater.com/research-library/daily-observations/geographic-diversification-can-
   be-a-lifesaver/(검색일 2019.12.20)

20 https://www.bogleheads.org/forum/viewtopic.php?t=284795 (검색일 2019.12.26)

21 벤저민 그레이엄, 《현명한 투자자》, 국일증권경제연구소, 김수진 역(2016)

22 https://www.bridgewater.com/resources/our-thoughts-about-risk-parity-and-all-weather.pdf (검색일 2019.12.26)

23 http://sdcera.granicus.com/MetaViewer.php?view_id=4&clip_id=75&meta_id=9141 (검색일 2020.1.6)

24 위 문서 (검색일 2019.12.26)

25 https://www.bridgewater.com/resources/risk-parity-is-about-balance.pdf (검색일 2019.12.26)

26 https://economicprinciples.org/downloads/Paradigm-Shifts.pdf (검색일 2019.12.26)

27 https://www.macrotrends.net/1333/historical-gold-prices-100-year-chart

28 https://www.investopedia.com/terms/g/gsci.asp (검색일 2019.12.26)

29 https://www.fortunefinancialadvisors.com/blog/the-case-for-holding-oil-gas-stocks/ (검색일 2019.12.26)

30 https://www.etf.com/sections/index-investor-corner/swedroe-commodities-can-hedge-inflation (검색일 2019.12.26)

31 http://www.ssfutures.com/jsps/attfiles/Tr706/Treasury%20Inflation%20Protected%20Securities%20I[1098941463178].pdf (검색일 2019.12.26)

32 https://terms.naver.com/entry.nhn?docId=1113891&cid=40942&categoryId=31819 (검색일 2019.12.20)

33 https://en.wikipedia.org/wiki/U.S._Dollar_Index (검색일 2019.12.20)

34 https://www.vaneck.com/library/vaneck-vectors-etfs/emlc-fact-sheet-pdf/ (검색일 2019.12.20)

35 https://www.reit.com/data-research/reit-indexes/annual-index-values-returns (검색일 2019.12.24)

36 Kizer, Jared and Grover, Sean, Are REITs a Distinct Asset Class? (December 6, 2017).

37 https://grayscale.co/wp-content/uploads/2019/04/Grayscale-The-Modern-Portfolio-March-2019.pdf (검색일 2020.1.6)

38 https://grayscale.co/wp-content/uploads/2019/09/Grayscale-Bitcoin-the-Rise-of-Digital-Gold-September-20191.pdf (검색일 2019.12.26)

39 https://ourfiniteworld.com/2017/12/19/the-depression-of-the-1930s-was-an-energy-crisis/ (검색일 2020.1.6)

40 Zapata and Detre, Historical Performance of Commodity and Stock Markets, Journal of Agricultural and Applied Economic (2012)

41 https://fred.stlouisfed.org/series/PPIACO (검색일 2019.12.26)

42 https://newworldeconomics.com/the-federal-reserve-in-the-1930s-2-interest-rates/ (검색일 2020.1.6)

43 김성일, 《마법의 돈 굴리기》, 에이지21(2019)

44 https://www.aqr.com/Insights/Research/White-Papers/Can-Risk-Parity-Outperform-If-Yields-Rise (검색일 2019.12.26)

45 https://www.linkedin.com/pulse/paradigm-shifts-ray-dalio (검색일 2020.1.7)

46 https://www.oaktreecapital.com/docs/default-source/memos/mysterious.pdf?sfvrsn=12 (검색일 2020.1.26)

47 https://www.aqr.com/Insights/Research/Macro-Wrap-Up/At-Any-Rate (검색일 2020.1.20)

48 https://www.nasdaq.com/articles/us-stock-market-biggest-most-expensive-world-us-economy-not-most-productive-2018-04-02 (검색일 2020.1.20)

49 https://en.wikipedia.org/wiki/Bond_market (검색일 2020.1.20)

50 https://www.vanguard.com/pdf/ISGPORE.pdf (검색일 2020.1.7)

51 https://jeunkim.blog.me/221409448740 (검색일 2020.1.7)

52 https://news.einfomax.co.kr/news/articleView.html?idxno=4047540 (검색일 2020.1.20)

53 https://www.linkedin.com/pulse/paradigm-shifts-ray-dalio/ (검색일 2020.1.20)

54 https://www.bridgewater.com/research-library/daily-observations/geographic-diversification-can-be-a-lifesaver/ (검색일 2020.1.6)

55 레이 달리오, 《원칙》, 한빛비즈, 고영태 역(2018), p.92

56 https://vanguardcanada.ca/advisors/articles/research-commentary/vanguard-voices/timing-the-market-vv.htm (검색일 2019.12.20)

57 https://moneydotcomvip.files.wordpress.com/2015/02/s801.pdf (검색일 2019.12.18)

58 https://www.etf.com/sections/index-investor-corner/swedroe-better-face-correction?nopaging=1 (검색일 2019.12.20)

59 Charles Ellis, 《Winning the Loser's Game》, McGraw-Hill; 6th Edition(2013)

60 https://www.bogleheads.org/forum/viewtopic.php?f=10&t=79324 (검색일 2019.12.20)

61 http://www.hani.co.kr/arti/international/globaleconomy/343851.html (검색일 2019.12.20)

62 http://www.hani.co.kr/arti/economy/economy_general/408577.html (검색일 2019.12.20)

63 http://www.dt.co.kr/contents.html?article_no=2011092002019922601008 (검색일 2019.12.20)

64 http://news.chosun.com/site/data/html_dir/2012/07/16/2012071601502.html (검색일 2019.12.20)

65 http://www.etoday.co.kr/news/section/newsview.php?idxno=777045 (검색일 2019.12.20)

66 https://www.mk.co.kr/news/economy/view/2014/07/974955/ (검색일 2019.12.20)

67 http://biz.chosun.com/site/data/html_dir/2015/05/29/2015052901420.html (검색일 2019.12.20.)

68 http://www.ohmynews.com/NWS_Web/View/at_pg.aspx?CNTN_CD=A0002177861 (검색일 2019.12.20)

69 http://www.munhwa.com/news/view.html?no=2017010201070121077001 (검색일 2019.12.20)

70 https://www.nocutnews.co.kr/news/4940084 (검색일 2019.12.20)

71 https://n.news.naver.com/article/009/0004431490 (검색일 2019.12.20)

72 켄 피셔, 《역발상 주식투자》, 한국경제신문사, 이건 역(2017)

73 https://1boon.kakao.com/kcie/5c1b5fc86a8e5100017984b0 (검색일 2020.1.20)

74 https://www.vanguardcanada.ca/documents/joined-at-the-hip.pdf (검색일 2020.1.20)

75 https://seekingalpha.com/article/4198407-value-trust (검색일 2020.1.20)

76 David Swensen, 《Pioneering Portfolio Managemet》, Free Press; Updated Edition(2009)

77 https://www.vanguard.co.uk/documents/adv/literature/tactical-asset-allocation.pdf (검색일 2020.1.20)

78 https://www.aqr.com/Insights/Research/Journal-Article/Fight-the-Fed-Model (검색일 2020.1.20)

79 https://www.advisorperspectives.com/articles/2016/08/09/how-tactical-allocation-mutual-funds-fared-over-the-last-five-years (검색일 2020.1.20)

80 https://www.etf.com/sections/index-investor-corner/23234-swedroe-beware-tactical-asset-allocation.html?nopaging=1 (검색일 2020.1.20)

81 https://www.oaktreecapital.com/docs/default-source/memos/2014-09-03-risk-revisited.pdf?sfvrsn=2 (검색일 2020.1.20)

82 Faber, Meb, A Quantitative Approach to Tactical Asset Allocation (February 1, 2013)

83 ~https://www.aqr.com/Insights/Research/White-Papers/You-Cant-Always-Trend-When-You-Want (검색일 2019.12.26)

84 Michael J. Mauboussin, The Success Equation: Untangling Skill and Luck in Business, Sports, and Investing (Boston, MA: Harvard Business Review Press, 2012), p55.

85 Sebastian, Attaluri, Conviction in Equity Investing, The Journal Of Portfolio Management (2014)

86 Fama, French, Luck versus Skill in the Cross-Section of Mutual Fund Return, The Journal of Finance (October 2010)

87 https://blogs.cfainstitute.org/investor/2017/03/06/the-golden-age-of-hedge-funds/ (검색일 2020.1.20)

88 https://www.bogleheads.org/wiki/Bogleheads%C2%AE_investment_philosophy#cite_note-20 (검색일 2019.12.26)

89 https://www.bogleheads.org/wiki/US_mutual_fund_performance_studies#Performance (검색일 2020.1.20)

90 https://funds.aqr.com/funds/aqr-risk-parity-ii-hv-fund#about (검색일 2020.1.20)

91 레이 달리오, 《원칙》, 한빛비즈, 고영태 역(2018)

92 https://www.linkedin.com/in/raydalio/detail/recent-activity/posts/ (검색일 2020.1.20)

93 https://www.bridgewater.com/research-library/featured-research/ (검색일 2020.1.20)

94 https://www.oaktreecapital.com/insights/howard-marks-memos (검색일 2020.1.6)

95 https://www.aqr.com/Insights (검색일 2020.1.20)

투자왕 김단테가 실전으로 증명하는
올웨더 주식투자 전략

절대수익 투자법칙

초판 1쇄 발행 2020년 7월 20일
초판 6쇄 발행 2022년 5월 31일

지은이　김동주

펴낸곳　㈜이레미디어
전　화　031-908-8516(편집부), 031-919-8511(주문 및 관리)
팩　스　0303-0515-8907
주　소　경기도 파주시 회동길 219, 사무동 4층
홈페이지 www.iremedia.co.kr
이메일　ireme@iremedia.co.kr
등　록　제396-2004-35호

편집 김은혜, 이치영 | **디자인** 유어텍스트 | **마케팅** 박주현, 연병선
재무총괄 이종미 | **경영지원** 김지선

ISBN 979-11-88279-83-8 03320

• 가격은 뒤표지에 있습니다.
• 잘못된 책은 구입하신 서점에서 교환해드립니다.

이 도서의 국립중앙도서관 출판예정도서목록(CIP)은 서지정보유통지원시스템 홈페이지(http://seoji.nl.go.kr)와
국가자료종합목록시스템(http://www.nl.go.kr/kolisnet)에서 이용하실 수 있습니다. (CIP제어번호: CIP2020022666)